童心创智　计算思维

——指向计算思维培养的低龄段儿童编程教育实践研究

◎姜嵘　著

上海科学技术文献出版社

图书在版编目（CIP）数据

童心创智　计算思维：指向计算思维培养的低龄段儿童编程教育实践研究 / 姜嵘著 . — 上海：上海科学技术文献出版社，2022
ISBN 978-7-5439-8674-9

Ⅰ．①童… Ⅱ．①姜… Ⅲ．①程序设计－学前教育－教学参考资料　Ⅳ．① G613.3

中国版本图书馆CIP数据核字（2022）第 177817 号

策划编辑：陆磊明
责任编辑：苏密娅
封面设计：章文杰

童心创智　计算思维：指向计算思维培养的低龄段儿童编程教育实践研究
TONGXIN CHUANGZHI　JISUAN SIWEI：ZHIXIANG JISUAN SIWEI PEIYANG DE DILINGDUAN ERTONG BIANCHENG JIAOYU SHIJIAN YANJIU

姜　嵘　著
出版发行：上海科学技术文献出版社
地　　址：上海市长乐路 746 号
邮政编码：200040
经　　销：全国新华书店
印　　刷：河北环京美印刷有限公司
开　　本：720mm×1000mm　1/16
印　　张：15.5
版　　次：2023 年 1 月第 1 版　2023 年 1 月第 1 次印刷
书　　号：ISBN 978-7-5439-8674-9
定　　价：88.00 元
http://www.sstlp.com

全国教育科学"十三五"规划2019年度教育部重点课题《指向计算思维能力培养的低龄段儿童编程教育实践研究》DHA 190380

长宁区位于上海市中心城区西部,具有良好的区位优势和深厚的历史文化底蕴,为科技创新教育提供了良好的育人环境。青少年科技教育是科技创新的基础,青少年科创素养的培育是教育综合改革的重要内容。长宁区非常重视青少年科技教育工作,将其作为区域"活力教育"主旋律中的强音符。

长宁区少年科技指导站(以下简称"少科站")是一所专门从事科学技术教育的公办校外教育机构。在区域"活力教育"主旋律下,少科站以长宁区建设"教育数字化转型实验区"为契机,挖掘区域青少年科创教育潜力,深入探索虚拟现实、人工智能等新技术,助力科创教育服务。

面对全新的智能世界,我们需要全新的思维方式,以期能够看透技术本质,以恰当并富有创造性的方式理解和使用智能技术。因此,助力培养师生的数字素养是长宁区教育工作的重点之一。少科站依托教育部重点课题"指向计算思维能力培养的低龄段儿童编程教育实践研究",通过编程教育,对低龄段儿童进行计算思维的培养,正契合了区域提升师生数字素养的发展方向。2017年,国务院印发的《新一代人工智能发展规划》,指出在中小学阶段要推广编程教育;2022年,教育部发布《义务教育阶段信息科技新课标(2022年版)》,要求要从小学一年级开始培养学生的计算思维。这些规划和标准,从国家层面对校内外教育工作者提出了明确要求。在这样的时代背景下,少科站针对低龄段儿童计算思维教育的探索具有前瞻性和创新性,对培养数字时代"原住民"的计算思维，引导学生从小具备运用技术提高工作效率、创造幸福生活的思维方式，具有一定的指导意义。

  本书作为课题的重要成果，思路清晰、体系完整、方法科学、案例充分。书中内容都是经过多轮实践优化，尤其注重匹配适龄儿童的认知水平，不仅有丰富的理论研究，更具备较强的可操作性和可落地性，为新时代背景下"教育数字化转型实验区"的长宁活力教育增色添彩。

上海市长宁区教育局局长

熊秋菊

前言
FOREWORD

《童心创智　计算思维——指向计算思维培养的低龄段儿童编程教育实践研究》一书终于付梓出版了，这在我国计算机普及教育事业中是一件非常值得纪念的事，也必将为我国新一代人工智能领域的未来发展增添一块牢固的基石！

"计算机普及要从娃娃抓起"，这是小平同志1984年在上海考察时说的，当年为小平同志演示自己设计的动画程序的"娃娃"李劲，如今已经成为人工智能领域的世界级专家。

那为什么要把培养计算思维能力作为开展低龄段儿童编程教育的指向呢？这还要从计算机的发展历史说起。大家知道，世界上第一台通用计算机ENIAC诞生于1946年，开发它的目的是帮助人们以更快的速度处理一些复杂庞大的数字运算，它采用穿孔卡输入输出数据，计算机通过读取穿孔卡上的孔点来进行运算，这种卡片上使用的语言被称为机器语言，它是计算机能识别的唯一语言，与人类语言差别极大，只有专家才能理解。虽然后来又发展出各种能让人们直接理解的计算机语言，包括第二代的汇编语言和第三代的高级语言等，但最终送入计算机的还是这种第一代的计算机语言。

为了降低入门的难度，让更多的人能参与计算机程序的编写中，人们不断设计出各类更贴近人类语言和思维习惯的高级语言，这些高级语言借助相应的编译器或者翻译器，可以让计算机识别并执行这些高级语言，这无疑为计算机教育的普及和推广应用带来了很大的助力。但也并不意味着所有人都可以很轻松地掌握并熟练运用这些语言。正如人们学习绘画一样，虽然现在有很多的辅助设计软件，可以帮助人们很快剪辑拼凑出一些二次创作的图画，但如果想真正独立完成一幅原创作品，一定还是需要设计者掌握最基础的绘画技艺，包括素描手绘功底、色彩光影知识等。

同样，对于计算机编程而言，不管现在的高级语言多么简单直接，有一项能力是永远无法被替代的，那就是开发者的计算思维能力，也就是说开发者必须要能理解计算机处理工作的思维方式和流程路线，这样才能设计出最合理有效的程序。因此，计算思维能力的培养是信息技术教育最关键的灵魂要素，也是开展计算机编程教育的先决条件。

思维能力是影响一个人一生的个人素质，越早培养越有利于个人的后天发展，计算思维能力更是如此。英、美等国从学前教育阶段就已经开始对儿童进行编程教育，我国目前已有部分地区在小学高年级阶段开设编程课程，个别地方试点从幼儿园或小学一年级开始，教育部也制定了义务教育阶段信息科技的课程标准，明确了从小学一年级开始普及计算思维培养，从五年级开始通过编程教育进一步提升儿童计算思维能力。

我们身处信息技术高速发展的时代，未来国际竞争的重点之一是高新技术产业的竞争，而信息技术人才是发展高新技术产业的核心竞争力。因此，更早地启迪、引导孩子掌握基于计算机系统分析问题和解决问题的能力，形成计算思维，是我们每一个教育工作者的担当与责任。

基于以上考虑，本书以5—9岁低龄儿童为研究对象，从理论研究到面向儿童的教学实践再到评估总结，针对发现的问题开展行动研究，最终形成了一套适合幼儿园大班和小学低年级学生、以编程教育为抓手的计算思维培养体系，以期对校内教育做出有益的补充。

本书从理论基础、课程设计、教学实施、条件保障、评价反馈等方面对计算思维培养体系进行了详细的阐述，内容系统全面，明确了低龄段儿童教育视域中的计算思维，并以低龄段儿童喜爱易用的编程方法为抓手贯穿始终；所设计的编程课程融趣味性、体验性、实践性、创新性于一体，更注重不同元素的尝试，旨在体系化、科学化地培养儿童全方面的计算思维能力；在编程教育中融入中国元素，寓教于乐，激发兴趣，以达到逐步培养计算思维能力的效果；在课程实践的反馈中确定了适当的评价指标，为后续培养提供了有力依据，具有应用价值；更难得的是提出了发挥家校互动的力量、让家长成为课程建设资源的创新思路，可以让更多力量加入到指向计算思维能力培养的低龄段儿童编程教育中。

感谢愚一教育集团、长实验教育集团、建青实验学校、长宁实验幼儿园、新实验幼儿园在课题研究中的积极参与和大力支持。成书过程中，感谢华东师范大学霍益萍教授、上海师范大学吴小玮副教授的专业指导以及长宁区教育学院张萌老师、王文辉老师的倾情付出。

本书作为课内教育的补充，既可以为学前及义务教育阶段开展信息教育课程提供参考，也可以作为校外科普工作者的辅助教材，相信未来必将惠及更多的老师和孩子们。

上海市长宁区少年科技指导站
姜嵘

目 录 CONTENTS

第一章　理论篇 ··· 1
第一节　起点：儿童可以编程吗 ·· 1
第二节　衔接："让编程没有门槛" ··· 12
第三节　重点：培养计算思维 ·· 27

第二章　课程篇 ·· 41
第一节　课程设计的思路、原则和特点 ··· 41
第二节　课程目标 ··· 48
第三节　课程内容 ··· 60

第三章　教学篇 ·· 85
第一节　教学设计 ··· 85
第二节　教学目标、过程和策略 ··· 107
第三节　教学案例 ·· 133

第四章　保障篇 ··· 147
第一节　学习环境 ·· 147

第二节　师资培训 …………………………………… 169

第三节　家校互动 …………………………………… 192

第五章　评价篇 …………………………………………… **201**

第一节　计算思维评价的方法 ……………………… 201

第二节　面向低龄段儿童的计算思维评价 ………… 216

参考文献 …………………………………………………… **229**

第一章 理论篇

计算思维概念最早起源于计算机科学领域。时至今日，培养学生的计算思维已成为全球计算机科学教育的一大趋势。世界各国政府及一些国际组织先后采取一系列举措来发展学生的计算思维，教授编程无疑被视为培养学生计算思维最可行的一种方式。多年来，诸如 LOGO、Alice、App Inventor、Kodu 等图形化编程语言的开发"让编程没有门槛"，推动着以计算思维培养为重点的编程在基础教育乃至学前教育的普及与发展。要培养低龄段儿童的计算思维，首先要了解儿童本身，皮亚杰的儿童认知发展理论和维果茨基的社会文化发展理论，可以帮助我们更好地理解儿童认知发展的规律和本质。以上为旨在培养低龄段儿童计算思维的编程课程、教学以及相关活动的开发提供了理论依据与现实基础。

第一节 起点：儿童可以编程吗

一、儿童认知发展的理论基础

皮亚杰就儿童认知发展首次构建出理论框架，并聚焦儿童认知活动和发展提出一些重要概念。皮亚杰的儿童认知发展阶段理论使我们认识到，从新生儿到儿童、少年再到成人，其认知发展不是简单的知识增加，而是一个差异明显但递进发展的过程。维果茨基则是社会文化历史学派的代表人物，其核心思想在于，人类心理发展基本上不再受生物进化规律的制约，而是由社会历史发展的规律所制约。学习是在一定的历史、社会文化背景下进行的，个体比如学生通过与其他个体尤其是教师的交往，把他人经验即客体内化为自己的经验，社会能为个体学习发展起到重要的支持和促进作用。比较两位心理学家的观点，是为了更好地理解儿童认知发展的规律和本质，进而思考如何通过编程教育来促进低龄段儿童的思维发展。

（一）皮亚杰：儿童认知发展阶段论

1. 感知运动阶段

第一阶段被称为感知运动阶段（Sensorimotor Stage），年龄跨度一般是从0岁到2岁。所谓"感知"，是指儿童运用自己的感知器官去感受和认识几乎所有的事物乃至于自己身处的环境，这个阶段的儿童，其认知特征是通过看一看、摸一摸、闻一闻甚至是尝一尝这样的直接的"外显的行为"去感知和影响世界。

2. 前运算阶段

第二阶段被称为是前运算阶段（Preoperational Stage），年龄跨度一般是从2岁到7岁，即学龄前阶段。"儿童能够利用表征（心理表象、图画、词、姿势）而不仅仅是动作，来思考客体和事件。"[1] 尽管这一阶段，儿童的思维较之前一阶段即感知运动阶段更为敏捷有效，但仍受到自我中心主义的限制，其思维罕见逻辑性。皮亚杰运用了相应的概念去归纳这一阶段儿童的认知特点：

其一是泛灵论，两三岁的幼儿会认为万事万物都有生命，正如一些绘本中"拟人化"的描述，太阳公公和月亮婆婆、小花小草甚至是家里的玩具都有喜怒哀乐的情绪，甚至拥有与人类一样的感知觉。

---

[1] 桑标. 当代儿童发展心理学 [M]. 上海：上海教育出版社，2003: 119.

其二是幼儿自我中心，即这一阶段的幼儿总是从自己的感受出发去认识周围的事物，而无法认识、感受和理解他人的观点，即我们通常所说的换位思考。例如，当幼儿所吃的食物是什么味道，就会认为别人的食物也是相同的味道。再比如，两个幼儿在商场的一个玩具店铺里相遇，他们都认为某一件玩具很有趣，就有可能去争夺这个玩具，因为在他们的认知世界中，这件玩具是自己的，不是另一位幼儿的，更不会考虑到这件玩具本是店铺出售的商品，需要花钱购买。

其三是缺乏守恒，即幼儿不明白一个事物的知觉特征无论如何变化，它的量始终保持不变。在著名的液量守恒实验中，将250毫升的果汁分别倒进一个又高又细的杯子和一个又矮又粗的容器里，尽管两个容器中的果汁都是250毫升，但幼儿肯定选择又高又细的杯子，因为幼儿会觉得更高的杯子就意味着更多的果汁。皮亚杰认为，守恒的意识一般出现在具体运算阶段的儿童，当儿童认识到守恒，也意味着其具备了一定的推理能力。至于数量守恒，中国古代典籍《庄子》中曾记载了狙公赋芧的故事，"朝三而暮四"则"众狙皆起毕怒"，"朝四而暮三"则"众狙皆伏而喜"，这是典型的数量不守恒。

其四是不具备思维的可逆性，比如，幼儿通过具体形象的物体，例如糖果的增加，明白了2+3=5之后，拿走原先代表数量的糖果，如果让幼儿仅在心理上推算5-3或5-2的答案却不具体执行5个糖果拿走3个糖果或者2个糖果的动作，幼儿无法计算出减法算式的结果，因为幼儿不具备思维的可逆性。

此外，前运算阶段的幼儿也难以认识部分和整体的关系，当一块圆形的披萨饼被分作二分之一、四分之一、八分之一甚至是不规则的形状后，低龄段幼儿就难以把握被切分匹萨块之间的构成关系。因而，关于数量、液量的守恒，对于部分和整体关系的认知，这些内容成为当今幼儿思维训练中必不可少的内容。真正意义上的思维训练不是为了会做题和应试，而是促进儿童的认知发展，让其思维的深刻性、灵活性、广阔性得到提升，进而理解日常生活并学会解决生活中的问题。

3. 具体运算阶段

第三阶段被称为是具体运算阶段，年龄跨度一般是从7岁到11岁。"儿童获得了运算概念，它是构成逻辑思维基础的内在心理活动系统。这些可逆的有组织的运算使儿童能够克服前运算思维的限制。"①这一阶段的儿童已经就读小学，具备了守恒的概念，思维也具有一定的可逆性。小学低龄段儿童往往可以领会"朝三暮四"的故事，并且在社会交往中摆脱了自我中心，具备相应的换位思考能力。需要注意的是，可逆性思维是思维深刻性和灵活性的典型表现之一。在日常生活中，更多地训练小学儿童从逆向思维的角度分析问题，许多问题往往会变得简单并迎刃而解，儿童的思维品质也能得到显著提升。

4. 形式运算阶段

第四个阶段被称为是形式运算阶段，年龄跨度一般是从11岁到15岁，也就是初中阶段。进入这一认知发展阶段的少年，"心理运算可运用于真实的情境，也可运用于可能性和假设性情境；可用于当前的情境，也可用于将来的情境，以及用于单纯言语或逻辑的陈述"。②因此，这一阶段的初中生能够理解高度抽象的人文社会科学概念以及自然科学规律，能够运用假设—演绎推理并进行命题之间的逻辑推理。在日常生活中，则能够区分现实性和可能性，不断形成和调整自己的想法和计划。例如，一名初中生往往可以独立进行一个假期调研计划，采用什么样的方法，调研哪个或哪些问题，去什么地方或找什么人，如何去到这些地方或找到相关人士等，在实施计划的过程中，根据现实情况做出调整和修正等。

---

① 桑标. 当代儿童发展心理学 [M]. 上海：上海教育出版社，2003：119.
② 桑标. 当代儿童发展心理学 [M]. 上海：上海教育出版社，2003：119.

（二）维果茨基：社会文化发展观

1. 最近发展区

维果茨基提出儿童有两种发展水平，一是儿童心理机能的现有发展水平，二是儿童不久后可能达到的发展水平，这两种水平之间的差异即最近发展区，"最近"即距离很近的意思。因此，教学应走在儿童发展的前面，决定着发展的内容、水平、速度及智力活动特点，促进着儿童的发展。同时，教学也在创造着最近发展区，教师要给儿童提供有一定难度的内容，激发儿童可以发展出的潜能。

2. 指导性参与

维果茨基认为儿童不是独自发现认知操作的，需要家庭成员、教师、同伴等提供帮助。"父母是最初的良师，教师、其他家人和同伴也可成为良师益友。"①儿童的学习需要成人或者伙伴提供指导性参与（Guided Participation），比如提出挑战、提供协助、给予鼓励等，当儿童在他人的指导下开展学习活动时，思维随之发生，认知逐步得到发展。维果茨基非常强调教师与学生之间的动态交流，这种交流让教师能够协助学生完成他们不能独立完成的任务。教师可以通过多种方式辅助学生进行学习，给学生提供有支持的挑战性任务，为学生提供支架的教学策略，随着学生越来越独立，这种帮助逐渐减少。

3. 语言促进思维

维果茨基提出，语言以两种方式促进儿童的思维发展。一种是个人言语（Private Speech），就是儿童自己和自己说话。儿童往往会自言自语地说出对于事情的看法、决定，或是向其他能听到自己声音的人描述、解释自己的想法。为了发展思维，儿童需要进行言语的互动，需要参加大量的游戏、对话、扮演

---

① 凯瑟琳·史塔生·伯格尔.0—12岁儿童心理学：第六版[M].陈会昌，译.北京：中国轻工业出版社，2016：292.

等活动。语言促进思维的第二种方式是以语言为中介的社交互动，这样的互动经常发生在教师的教学过程中，"良师和语言是不可分割的"①，儿童能从教师的教学、辅导、提问、解释、演示中获益，逐渐步入自己的最近发展区。这种思维的发展也可以是在无拘无束的谈话和活动中，儿童在家庭生活中听到的话语往往影响着自身词语的丰富性、准确性和逻辑性，比如家长的语言会影响儿童是否会正确使用量词：一头黄牛、一群鸭子、一颗枣、一位女士等，是否会运用"因为……所以……""首先……然后……最后"这样的因果关系、时间次序表达。"文化可能会影响语言，因此也影响数学知识。"② 如果日常生活中不大听到"这袋米大约 5 公斤左右""10 分钟后吃饭""9：00 整出发"这样的数字、时间表达，儿童学习数学会很吃力。如果能在日常生活中逐步渗透并培养儿童的数感，让他们了解、理解一些数学常识，将会有效地促进儿童的认知发展。

二、儿童编程的理论基础

西摩·佩珀特（Seymour Papert）被誉为"儿童编程教育先驱"。佩珀特师承皮亚杰，深受皮亚杰的理论尤其是发生认识论的影响，他基于自己童年时期的玩耍、学习经历以及工作后的研究志趣，发明 LOGO 语言，并就儿童的学习特别是儿童数学学习、编程学习提出了建造主义（Constructionism）的理论主张和许多具有创见的观点。被誉为"少儿编程之父"的米切尔·雷斯尼克（Mitchel Resnick）正是佩珀特的学生。雷斯尼克就职于麻省理工学院媒体实验室，并将自己的项目团队命名为"终身幼儿园"研究小组（Lifelong Kindergarten

---

① 凯瑟琳·史塔生·伯格尔.0—12 岁儿童心理学：第六版[M].陈会昌，译.北京：中国轻工业出版社，2016：295.

② 凯瑟琳·史塔生·伯格尔.0—12 岁儿童心理学：第六版[M].陈会昌，译.北京：中国轻工业出版社，2016：295.

Group），这一研究小组可谓是"全球教育创新领域一架巨大的引擎"。与老师佩珀特重视儿童编程的思想一脉相承，雷斯尼克也强调，编程不但会培养儿童的创造性思维能力，更能让儿童成为科技的主人，掌握在未来世界表达自我的必备能力，驾驭自己的人生。

（一）从建构主义到建造主义

在佩珀特的代表作《因计算机而强大：计算机如何改变我们的思考与学习》（*Mindstorms: Children, computers, and powerful ideas*）当中，他提出学习的真谛在于："一件事情，如果你能把它融会贯通到自己的思维方式中，那它就会变得异常简单；如果不能，那它就比登天还难。"① 之后，佩珀特在著述中批评美国学校教育特别是"学校版数学"的过时与弊端，并就儿童的学习明确提出建造主义（Constructionism）的观点。②

1. "因计算机而强大"

先来看佩珀特关于计算机教育的核心思想。译者将 Mindstorms 译作"因计算机而强大"而非"头脑风暴"，实际上，无论哪种译法，儿童和计算机是佩珀特的代表作乃至所有研究的主角，而计算机对于儿童的意义则是引发儿童的头脑风暴（Mindstorms），帮助儿童获得强有力的理念（Powerful ideas）。一言以蔽之，儿童可以因为计算机而变得强大，或者说更为聪颖，更善于学习。

在明确以上核心思想后，我们再来看佩珀特对于计算机的定位。众所周知的是，计算机是信息处理的工具。佩珀特认为，计算机还可以是促进儿童学习的工具。儿童为何能够因为计算机而强大，因为在佩珀特看来，计算机可以是

---

① 西摩·佩珀特.因计算机而强大：计算机如何改变我们的思考与学习[M].梁栋，译.北京：新星出版社，2019: 17.

② HAREL I, PAPERT S. Constructionism[M]. New Jersey: Ablex Publishing Corporation, 1991:1-11.

一种灵活的工具，"儿童完全可以成为计算机的主人"，儿童学习使用计算机"可以改变他们学习其他事物的方式"，比如其他学科尤其是数学的学习方式。① 计算机不仅可以服务于儿童的兴趣和需求，更能够让儿童获得能力的提升，思维方式的转变。佩珀特甚至还提道，"计算机不仅是一个工具，它对我们的心智有着根本和深远的影响"。②

佩珀特认为，在计算机尚未普及的 20 世纪 80 年代，为每个孩子配备一台计算机，用来完成编程教育计划，再加上升级维护甚至是重新购买计算机的费用，并不算是昂贵的价格、极高的教育预算，因为这样做有可能降低教育的整体成本。佩珀特曾在自己的著作提出"让每个孩子的生活里都有计算机的一席之地"③，麻省理工学院媒体实验室的尼古拉斯·尼葛洛庞帝（Nicholas Negroponte）作为佩珀特的学生，之后更直接提出"OLPC"口号："一个孩子一台笔记本电脑"（One Laptop Per Child），所谓的"人人电脑"。

2. "制作中学习"

皮亚杰的建构主义（Constructivism）让我们了解儿童在不同的发展阶段对什么感兴趣，能够实现什么。该理论描述了儿童的行为方式和思维方式如何随着时间的推移而演变，以及在何种情况下，儿童更有可能放弃或坚持他们目前持有的观点。皮亚杰认为，仅仅是其他人哪怕是专家指出儿童的错误，儿童也有很好的理由不放弃他们的世界观。根据皮亚杰的理论，佩珀特同样把儿童看作知识的建构者，并进一步认为，儿童最有效建构知识的时刻正在他们自己作为制作者积极参与建构周围事物的时候。这一过程中涵盖着两类建构：一是儿

---

① 西摩·佩珀特.因计算机而强大：计算机如何改变我们的思考与学习[M].梁栋，译.北京：新星出版社，2019：27.
② 西摩·佩珀特.因计算机而强大：计算机如何改变我们的思考与学习[M].梁栋，译.北京：新星出版社，2019：22.
③ 西摩·佩珀特.因计算机而强大：计算机如何改变我们的思考与学习[M].梁栋，译.北京：新星出版社，2019：39.

童建构周围事物；二是儿童建构周围事物过程中往往在头脑中建构着新的想法，这将促使他们开展新的建构。相对皮亚杰的建构主义，佩珀特提出的建造主义更注重学习的艺术，或"学会学习"，以及在学习中创造事物的意义。佩珀特感兴趣的是学习者如何与（他们自己或其他人的）工具进行对话，以及这些对话如何促进自主学习，并最终促进新知识的构建。他强调工具、媒体和环境在人类发展中的重要性。[1]

具体到对于教育的理解，仅从教的层面上看，不是让学校的老师们教得更好，而是如何让更多的学生学得更好。因此，佩珀特强调，儿童要更多地在制作和建造中学习，成人要提供充分的空间和机会让儿童去建造自己的知识体系。所谓"学习的法则"，"就是新的知识结构如何从现有的知识结构中生长出来，并在这个过程中构建逻辑性和情感联系"[2]；所谓"制作中学习"（Learning by Making），让儿童通过具体的技术媒介比如计算机，将头脑中的想法转化，通过亲手设计制作来获取知识的学习过程。如佩珀特所言，其所构建的"教育乌托邦"，是"一个孩子们学习、思考，以及情感和认知方面得以成长的新前景"[3]。

佩珀特曾用"Bricolage"一词来形容他提出的建造主义学习过程。"Bricolage"出自法国著作，形容"走街串巷的修补者"这样一种老式职业。佩珀特认为这个词汇可以用来引申具有无限可能的创作活动——"面对多样化的情境不断地尝试用不同的工具来解决'随机个性化'的问题"[4]。首先，修补者在走街串巷时，其工具箱里会装着各式各样的修补工具，这可以用来描绘编程学习者的学

---

[1] ACKERMANN E. Piaget's constructivism, Papert's constructionism: What's the difference[J].Future of Learning Group Publication, 2001(5):1-11.

[2] 西摩·佩珀特.因计算机而强大：计算机如何改变我们的思考与学习[M].梁栋，译.北京：新星出版社，2019：17.

[3] 西摩·佩珀特.因计算机而强大：计算机如何改变我们的思考与学习[M].梁栋，译.北京：新星出版社，2019：39.

[4] 孙立会，周丹华.儿童编程教育溯源与未来路向——人工智能教育先驱派珀特的"齿轮"与"小精灵"[J].现代教育技术，2019(10)：14.

习状态，即准备和运用不同工具尝试解决问题；其次，修补者帮助别人修理形形色色的物件，需要心灵手巧的品质和能力，这可以用来形容编程者的学习或工作过程，面向复杂的情境开动脑筋，思考和解决问题；再次，修补物件的过程与编程过程高度相似，编程一般要经历不断的调试，发现和修补漏洞的过程。也正因此，"Bricolage"一词后来被英文单词"Tinker"即"焊补"所替代，因为编程过程中非常强调乐于尝试、善于调试等理念。最重要的是，在这样反复调试的制作过程中，儿童能对自身思维过程有更清晰的认识，更有助于问题解决能力的培养。儿童将不止于建造着属于自己的知识体系，还获得思维方式、学习品质的提升。

（二）"像在幼儿园那样终身学习"

雷斯尼克则将自己的著作同样命名为《终身幼儿园》，并在书中明确提出，"今天的年轻人一生都要面临完全意料不到的全新局面，他们需要学会创造性地处理变化和不确定的状况"，故而"创造性学习""像在幼儿园那样终身学习"极为重要。基于这一观点，雷斯尼克提炼出创造性学习螺旋并设计出"4P"创造性学习法。①

1. 创造性学习螺旋

雷斯尼克用创造性学习螺旋来描绘幼儿园孩子的学习方法并认为这是"所有年龄段学习者的榜样"。他以幼儿园的孩子玩积木、搭建城堡和讲故事为例分析由"想象—创造—游戏—分享—反思—想象"环节所构成的创造性学习螺旋：

- 想象搭建的是一座城堡以及住在城堡里的家庭；
- 创造城堡当中发生的故事；
- 游戏过程中不断修改和重建城堡，也添加新的故事情节；

---

① 米切尔·雷斯尼克.终身幼儿园[M].赵昱鲲，王婉，译.杭州：浙江教育出版社，2018：1-97.

·一组孩子合作建造城堡,另一组孩子合作创作故事,两组孩子互相交流分享想法,"孩子们对城堡的每一个新构想都可以变成推动故事情节新发展的契机,反之亦然";①

·幼儿园老师引导孩子反思如何搭建更稳固的城堡;

·孩子展开新的想象、想出新的主意、有了新的方向,"要不要在城堡周围再建造一个村庄?要不要为村庄里的生活创作一个木偶剧?……"②

雷斯尼克将创造性学习螺旋视为"创造性思维的引擎",因为儿童在经历这个学习螺旋的过程中发展并提升着创造性的思考能力:"他们学习去构建自己的想法,然后尝试将它实现,不行的话,再试一下其他办法;他们学习从别人那里听取意见,并根据自己的经验产生新的想法"。然而,雷斯尼克指出,幼儿园之后的学校教育当中,便不再遵循这种创造性学习螺旋,"学校往往过分强调给学生提供信息和指导,而忽略了培养他们的创造性学习能力"③。

2."4P"创造性学习法

"4P"创造性学习法的要点则在于:第一,项目(Projects)驱动。"项目是创造的基本单位,是体验和参与创造性学习的全新途径。当孩子沉浸在项目的创造和制作中时,才有机会成长为创造型思考者。"因此,并非一味地教授儿童知识而是让儿童在项目中学习。第二,同伴(Peers)合作。鼓励儿童由独自思考转向与同伴共同创造,大多数思考过程都是跟他人联系在一起的,"我们分享想法,从同伴那里得到反馈,相互借鉴彼此的灵感"。从独自思考转向共同创造,是学习社区中的经典协作方式。第三,保持热情(Passion)。"兴趣和内在动机才是创造力和长期坚持的关键",设计儿童感兴趣的项目并鼓励他们合作创

---

① 米切尔·雷斯尼克.终身幼儿园[M].赵昱鲲,王婉,译.杭州:浙江教育出版社,2018:12.
② 米切尔·雷斯尼克.终身幼儿园[M].赵昱鲲,王婉,译.杭州:浙江教育出版社,2018:13.
③ 米切尔·雷斯尼克.终身幼儿园[M].赵昱鲲,王婉,译.杭州:浙江教育出版社,2018:13.

造，正是为了保持他们的学习热情。第四，游戏（Play）为主。游戏不需要开放的空间或昂贵的玩具，"它是好奇心、想象力和实验的结合"，创造力更是蕴含其间。儿童游戏精神极为可贵，在游戏也是项目的实施过程当中，"修修补补是一种智慧策略"，儿童可以通过尝试、再尝试，体验多种途径、多种风格，并大胆表达——"听听孩子怎么说"。正如雷斯尼克所言："想帮助年轻人在创新型社会里生活得更好，就要让他们有机会追随自己的兴趣，探索自己的想法，发出自己的声音。"[1]

第二节 衔接："让编程没有门槛"

一、面向儿童的可视化编程语言

编程的过程就是个体和计算机沟通的过程，儿童学习编程，同样需要通过撰写计算机指令的方式向计算机发出命令。传统的代码式程序语言有着枯燥的字符语句和复杂的编程语法。儿童初学编程期间，如果程序语言难度过大或过于枯燥，儿童很快就失去编程学习的兴趣，但一直止步于简单易学和轻松掌握，进行没有挑战性的任务，就没有真正培养起儿童的编程能力。"计算思维教育需帮助学生跨越从'Learning CT'到'Fun CT'的鸿沟，教学设计是否包含有趣的元素，将直接影响到学生对计算思维学习的兴趣，而在这一过程中专业编码起着决定性的作用。"[2] 在儿童编程学习的初期，为他们设计和提供简单有趣、

---

[1] 米切尔·雷斯尼克.终身幼儿园[M].赵昱鲲，王婉，译.杭州：浙江教育出版社，2018：2-4.

[2] 赵森.国际计算思维教育的研究现状与趋势——基于1994—2020年WOS数据库439篇文献的量化分析[J].教育信息技术，2021(6)：56.

容易操作的可视化编程语言，能为儿童的编程学习、思维发展乃至于个体成长提供帮助和支持。对于儿童尤其是低龄段的儿童而言，学习编程语言一般遵循从图形到代码再到算法这样难度逐步递进的过程。

（一）图形化编程语言

LOGO 语言是早期的可视化、图形化编程语言。20 世纪 60 年代，西摩·佩珀特带领研究团队在 LISP 语言基础上，专门为儿童研制开发这一编程语言。"LOGO"一词源于希腊文，原意是"文字""思考""想法"。LOGO 语言将数学、计算机和儿童教育三者有机结合，具有非常丰富的画图功能，以调动和激发儿童编程兴趣。在 LOGO 的世界里，有可以活动的两种机器人小龟，即"地龟""光龟"。儿童可以在计算机上输入指令控制小龟的移动和动作，或向上下左右方向移动，或按照指定的角度移动，或加速或减速移动，以及重复某一固定动作。儿童如果能够将这些简单指令进行相应的排序组合，就能绘制出房子、动物、飞机、汽车乃至一些抽象图形。通过这样的编程过程，能够激发儿童学习编程的兴趣和积极性，能够培养儿童的想象力和创造力，尤其是儿童代入小龟后，"把他们对自己身体和怎样运动的知识运用到形式几何"，乃至数学、物理学等学科的学习当中。如果儿童能够用语言描述自己的创作过程哪怕是他们所创作的图形，就能锻炼他们语言表达力和思维逻辑性。

LOGO 语言被视作是儿童编程教育的重要里程碑，儿童可以以边玩耍边写代码的方式通过计算机进行学习和创造，同时也让教育界意识到编程能够锻炼儿童的独立思考和逻辑推理能力。"可视化编程语言的出现重新唤醒了教育界对编码的兴趣，编程不再是一种工具，而是一种发展其他技能的媒介，以改善学生的学习动机和结果。"[1]之后，有学者写作了多达 600 页的专著《乌龟集合》

---

[1] 孙立会，周丹华.基于 Scratch 的儿童编程教育教学模式的设计与构建——以小学科学为例[J].电化教育研究，2020(6)：75-82.

(*Turtle Geometry*),进一步发掘 LOGO 的无限可能,指出用 LOGO 可以学习包括微积分在内的各种高等数学知识。相较当时的 BASIC 语言,LOGO 语言开辟了儿童编程教育的先河,但其主要通过绘图方法培养学生编程的兴趣,尤其是,"小龟的世界"为何是"一个微型世界""一个数学王国的'省份'",这些理念对于儿童哪怕是就读初中的少年而言都不免晦涩难懂。

(二)程序块编程语言

基于 LOGO 等可视化、图形化编程语言,人们开始发明更为适合儿童认知发展特征也更为简单易学的编程语言,其中最具代表的是雷斯尼克研发的一款面向 8—16 岁儿童的编程软件。前文提到,雷斯尼克是佩珀特的学生,就职于麻省理工学院媒体实验室,主持着"终身幼儿园"研究小组。为了让儿童更好地进行编程,真正成为计算机的主人,雷斯尼克带领团队致力于研发一种更为适合儿童年龄发展特征的、儿童乐于接受的编程语言和环境。雷斯尼克将这样的儿童编程理念形容为"低地板""高天花板""宽墙":所谓"低地板",儿童可以相对轻松地创建一些项目以保持对于编程的兴趣;"高天花板"指的是,儿童可以通过自己的编程学习去逐步完成更为复杂的项目;经由这样的编程学习过程可以"把墙拓宽",即意味着儿童编程的经验、技能乃至思维能力等"宽墙"都得以拓展。[1]

基于这样的儿童编程理念,雷斯尼克及其团队将计算机指令语言做成程序块与积木块"合二为一",不同的积木块代表着不同的程序块,儿童可以通过鼠标拖动程序块的方式创作编写动画故事。"换言之,儿童编程技术工具的创建是希望降低编程上限,拓宽儿童编程工具手段,探索创造多种编程学习路径与风

---

[1] RESNICH M, ROBINSON K. Lifelong kindergarten: Cultivating Creativity through Projects, Passion, Peers and Play[M]. Boston: The MIT Press, 2017:31-125.

格，为各种复杂概念提供生长空间，旨在儿童思维素养的提升。"[1]这样的程序块编程语言迅速得到推广，全球范围内的儿童编程几乎都以这样的程序块编程语言作为儿童编程教育的语言载体，实现着"让编程没有门槛"的愿望。

无论是图形化编程语言、程序块编程语言，还是近年来流行的不使用计算机等电子设备的"不插电编程"（Unplugged Programming），面向儿童的编程语言或相关教育产品均是以直观化、游戏化的方式调动儿童的兴趣，吸引零基础的儿童开启编程学习，在符合其认知能力的基础上，逐步培养儿童的细心、耐心、专注力以及计算思维。近年来，一些国际知名的科技巨头纷纷加入儿童编程教育领域，2014年，苹果公司推出编程应用程序Swift Playground；2017年，索尼公司推出名为KOOV的可编程教育机器人套件。具体到我国的儿童编程，主要是一些教育科技公司在进行工具的设计开发。在如今的数字化时代，儿童作为数字用户，不仅仅是技术的消费者，更重要的是成为技术的创造者。为此，许多儿童编程教育项目在具体的实施过程中，都鼓励儿童基于自己的创作兴趣，尝试运用程序块编程语言创建如交互活动的故事、游戏、动画、模拟等项目。儿童可以给这些项目赋予非常个性化、艺术化的特征，比如照片、声音摘录、音乐剪辑等。为促进儿童与成人、儿童之间的合作沟通，儿童可以通过网站或其他在线方式与他人合作开发以及共享、重用一些项目。

二、儿童编程教育的兴起背景

编程教育、STEM教育、人工智能教育之间存在着密切联系，也有所区别。特别是具体的教育实践过程中，"由于教育管理者和教师普遍缺乏对人工智能学

---

[1] 孙立会.聚焦思维素养的儿童编程教育：概念、理路与目标[J].中国电化教育，2019(7)：23.

科的清晰认识，容易将其与创客教育、编程教育或机器人教育等混淆"[1]。STEM教育和编程教育都强调知识建构的理念；在教学形式上，两者都强调做中学、玩中学，在亲身体验、动手操作、合作探索等过程中获取新知。编程还在大数据、云计算以及人工智能等领域都发挥着重要作用，只有掌握基础的计算机算法，并能熟练使用编程语言，才能够进行人工智能领域的实践活动。因此，人工智能领域人才培养的重点之一在于编程教育，编程也是儿童接触STEM教育尤其是STEM当中技术、工程学习内容的最佳切入点之一。

（一）STEM 教育的日益风行

1986年，美国国家科学委员会（National Science Board）在名为《本科的科学、数学和工程教育》（*Undergraduate Science Mathematics and Engineering Education*）的报告中首次提出整合科学、数学、工程和技术教育。进入21世纪后，美国相继通过一系列法案来推动STEM教育的开展。2006年美国总统在其国情咨文中公布《美国竞争力计划》（*American Competitiveness Initiative*），这份文件当中认为，培养具有STEM素养的人才是重要的教育目标，更是全球竞争力的关键。自此，美国开始增加对STEM教育的资金投入，鼓励学生主修科学、数学、工程和技术，培养其科技理工素养。次年，美国国家科学委员会发表《国家行动计划：应对美国科学、技术、工程和数学教育系统的紧急需要》，强调STEM教育要从本科延伸到中小学教育阶段。与此同时，美国有学者提出将艺术（Arts）纳入STEM教育中使其更加全面，进而提出STEAM教育理念，认为STEAM教育既有助于促进学生的认知发展、情感及精神境界的提升，也能增强学生的批判思维与问题解决能力。2009年，美国国家科学委员会再次发表公开信，强调美国要保持科学和技术的世界领先地位，就有必要改善所有美

---

[1] 卢宇，汤筱玙，宋佳宸，余胜泉.智能时代的中小学人工智能教育：总体定位与核心内容领域[J].中国远程教育，2021(5): 25.

国学生的 STEM 教育。

近年来，美国政府持续加大对于大中小学各层级 STEM 教育的支持力度，尤其关注培养和培训基础教育阶段的理工科教师。

科学、数学、工程和技术之间是相互支撑、补充的关系。科学的本质在于揭示和解释自然世界的客观规律；技术是解决问题的知识、方法、原理和技巧等；数学属于形式科学，是学习和研究现代科学技术尤其是技术与工程学科必不可少的基础工具；工程则是科学和数学的具体运用，特别是将自然科学的理论应用到具体的工农业生产当中，在尊重客观规律的基础上改造物质世界，破解人类社会发展过程中遇到的问题。在此意义上，STEM 教育绝非是四门学科知识的简单叠加，而是作为跨学科的教育，融合为一个有机的整体。在教授儿童学习跨学科知识、技能的过程中，除了注意这些学科内容之间的联系、启发、交叉和融合，更要帮助儿童实现深层次的理解性学习，让儿童构建起相互关联的知识体系，以更好地启蒙和培养他们的思考能力、动手能力、解决问题能力乃至创新能力。

此外，不少研究证明，一方面，儿童编程教育具有典型的"赋能"作用，即编程环境和编程语言对儿童高阶思维能力及其他课程学习具有明显的改善作用；另一方面，儿童编程教育还具有"反赋能（Reflexive）"功能，儿童在掌握一定的编程知识技能后，如果同时学习其他领域的知识技能，将比单独学习某一领域的知识技能更加容易掌握，进步更快。以 STEM 为例，儿童通过编程操作简易的小车或机器人，可以学会机器的简易组装、排序，了解软件和硬件的相互联系这些技术、工程等学习领域的知识技能。年龄稍大的儿童在学习编程的过程中，则可以充分融入数学、物理、人文等知识，而且编程科学严谨的思维方法也会迁移到其他科目上。

(二)"T""E"内容的亟待融入

如果把STEM教育作为一个有机整体,编程将是儿童接触STEM教育的最佳切入点之一。如前文所及,面向儿童的可视化编程语言已经相对成熟并广为普及。面向儿童的编程教育,其教育目标聚焦儿童的思维训练,致力于提升儿童的思考能力、动手能力、解决问题能力,这些同样是STEM教育所强调的能力。例如,儿童在编程过程中锻炼思维的缜密性,这一思维品质能够迁移和促进数学、科学等学科的学习。编程教育不止于能力和思维的训练提升,也可以成为一种激发并保持孩子学习兴趣和探究热情的教育方式,这样的学习品质也是STEM教育乃至任何学科教育所亟需培养的品质特征。

随着STEM教育的推广,有学者撰文指出"T"和"E"即技术和工程在儿童STEM教育中的缺失。尽管儿童成长在一个日益数字化的环境中,但一般要到小学中高年级,学校课程才开始侧重于带领他们去探索数字世界。幼儿园课堂上的科学课程往往更为关注包括植物、动物和天气等要素的自然世界。虽然了解自然世界很重要,但培养儿童对人造世界、技术和工程世界的知识,也是孩子们了解当下生活环境的必要条件。在一个典型的幼儿课堂上,幼儿通过使用工艺品、回收材料和乐高积木进行建筑和设计来探索基础工程概念并不罕见。然而,当今世界所独有的是电子与机械结构的融合。当孩子们使用带自动饮水机的水槽,或者是走进一个没有开关的房间时,他们会遇到传感器,但我们并不总是教我们的孩子们这方面的知识。因此,编程教育尤其可以提供一种教育方式,让儿童通过动手和参与的方式,去了解他们在日常生活中遇到的传感器和电子设备的类型。[①] 通过教授基本的编程概念乃至基础的机器人技术,可以向儿童介绍一些重要的思想和信息,让他们了解日常生活中与之交互的许多物

[①] SULLIVAN A. BERS M.U. Robotics in the early childhood classroom: learning outcomes from an 8-week robotics curriculum in pre-kindergarten through second grade[J]. International Journal of Technology and Design Education, 2016(26):4.

品的设计信息和内在原理，以弥补技术和工程在儿童 STEM 教育中的缺失。

（三）人工智能教育的大力推进

伴随社会经济的持续发展，人工智能（Artificial Intelligence，AI）技术已经在当代社会的许多行业广为普及，并渗透到我们的社会生活当中。例如，机器人做早餐、智能驾驶、无人超市等人工智能技术纷纷出现在餐饮、交通、金融等各行各业。在这样的背景之下，各个国家都亟需从事人工智能的高层次人才，培养大量的人工智能人才尤其成为美国近年开展 STEM 教育的重要任务。2015 年，美国发布《STEM 教育法案》，将包含着人工智能的计算机科学教育纳入 STEM 教育当中。随后，美国发布的多份与人工智能相关的战略报告当中，都强调要在中小学普及人工智能教育，培育学生计算思维，并明确"中小学人工智能教育须通过 STEM 教育以及计算机科学教育来展开"[①]。2018 年的《STEM 教育五年战略计划》再次强调计算思维的培养。随后的数年，美国直接发布以"人工智能"命名的主题文件或教育政策，例如，2019 年的《美国 AI 世纪：人工智能行动蓝图》当中指出，美国在人工智能领域能否保持领导地位，其关键便在于中小学阶段的 STEM 教育。具体到美国的中小学当中，人工智能教育的开展形式既通过计算机、编程这样的专门性课程来实施，也强调结合 STEM 这样的跨学科课程进行。此外，在科学、社会主题的综合实践课程中，也会涉及人工智能主题的相关内容，引导学生发现和重视人工智能技术普遍应用所带来的社会伦理与道德问题，最终帮助学生思考适应当下和未来的学习生活方式。

尽管有研究指出，"人工智能教育关注的核心之一是如何设计智能机器代替人解决实际问题，从而不再需要由人来完成计算思维中最困难的问题拆解与抽

---

① 韩倩倩，蔡连玉. 美国中小学人工智能教育推进的规划目标与特征研究 [J]. 外国教育研究，2021(1): 117.

象表达"①。但正如2019年3月联合国教科文组织发布的《人工智能在教育中面临的挑战与机遇》报告中所强调的,对于"人工智能"的定义在于学习者运用计算的方法来解决问题的能力,而不仅仅是基本的信息与通信技术能力。由此可见,人工智能教育的重要目的也是核心之一在于,让学习者特别是儿童从小学会运用相应的技术和方法来解决问题。

三、儿童编程教育的开展概况

无论政府、企业、学校乃至家庭,都愈来愈重视编程教育。以往的学校教育中,与编程相关的课程内容一般出现在大学或高中阶段,而近年来,编程教育逐步向初中、小学甚至学前教育阶段延伸和推广。正如吉布森(Gibson)所说,学生如果在高中阶段才开始学习计算机科学为时过晚。② 在我国,遵循"计算机要从娃娃抓起"的相同思路,编程教育同样"学段下移",呈现出低龄化的趋势。

(一)美国的"混合式"协作模式

无论是儿童编程理论的奠基,还是儿童编程语言的开发,美国毫无疑问是儿童编程教育的领军者。尤其是21世纪以来,美国政府以及社会各界都非常重视儿童编程教育,从政府层面的政策指导、资金支持,到学校与社会组织、科技公司等机构的广泛参与,共同为儿童创设编程教育的氛围和环境。当前,美

---

① 卢宇,汤筱玙,宋佳宸,余胜泉.智能时代的中小学人工智能教育:总体定位与核心内容领域[J]. 中国远程教育,2021(5):26.

② GIBSON J P. Teaching Graph Algorithms to Children of all Ages[C]. Proceedings of the 17th ACM Annual Conference on Innovation and Technology in Computer Science Education. New York, 2012:34-39.

国的儿童编程教育事业已经形成良好的发展格局。在美国中小学里，编程教育纳入 STEM 课程已成为主流，甚至有很多幼儿园都开始教授编程语言；在社会层面，科技公司、非营利组织、图书馆等引领宣传并积极协助儿童编程教育事业的推进。

长期以来，美国计算机科学教师协会（Computer Science Teachers Association, CSTA）等专业的学科教师组织与谷歌、微软等著名科技公司建立合作，致力于研制和推广计算机科学的课程标准制定和相关课程的普及。值得注意的是，早在 2011 年的《K—12 计算机科学标准（2011）》中，计算思维已经被作为中小学计算机教育的核心素养之一。2017 年修订的《K—12 计算机科学标准（2017）》更明确指出，在中小学推进编程教育以及培养学生计算思维的重要性，并强调学生不仅仅是计算机的使用者，更是精通计算机科学概念和实践的具有计算能力的创造者。在这一思路下，《K—12 计算机科学标准（2017）》当中尤其突出"抽象、分解、建模、算法以及数据可视化"等计算思维相关内容。

早在 2011 年，Thinkersmith 面向五六岁的儿童设计了计算机科学课程，"学生使用艺术、手工艺和游戏探索诸如二进制、函数，甚至是有限状态自动机等概念，这些活动允许把那些以前对孩子来说过难的主题进行更基本的处理"。[1]2012 年 12 月，美国在全国推介"编程一小时"（Hour of Code）活动，号召各学段的学生参与编程活动。2016 年，美国政府宣布投资 40 亿美元给计算机科学，鼓励各州自主推出五年计划来推动本州 K—12 计算机科学教育的进步。2017 年，美国政府专项拨款 2 亿美元用以支持 STEAM 教育，尤其重点支持计算机科学。2018 年 5 月，美国人工智能促进协会（Association for the Advancement of Artificial Intelligence, AAAI）与计算机科学教师协会联合成立工作组，启动美国 K—12 人工智能教育行动。2019 年，麻省理工学院推出面向

---

[1] 简·克劳斯，奇奇·普罗特斯曼.给孩子的计算思维与编程书：AI 核心素养教育实践指南[M].王晓春，乔凤天，译.北京：机械工业出版社，2020：88.

K—12阶段人工智能教育的资源网站，汇聚不同研究项目、学习元与教学工具，并针对不同学段开设不同的研究主题。

美国社会各界包括政府、高等教育机构、企业、慈善机构以及非盈利组织等都加入中小学编程教育的普及工作中，为学生提供丰富、有趣的编程体验和学习机会。校内既有专门的编程课程，也通过STEM等课程来开展编程学习，校外有短期的暑期编程项目学习和编程类的竞赛活动。通过校内、校外广泛的编程教育活动，确保广大中小学学生都能够接受到与其年龄相符的编程教育。

（二）英国的"必修课"推进模式

早在20世纪60年代，英国的中学就开设了计算机课程。20世纪八九十年代，英国设置信息与通信技术（Information and Communications Technology，ICT）课程体系，当中包括人工智能内容的选修课程，其教学主要通过与高等院校协作的方式开展，例如聘请高校专家参与课程建设、搭建教学平台参与讨论与答疑等。

步入21世纪后，英国对中小学的计算机教育进行改革，特别是在2013年，英国教育部将"ICT课程"命名为"计算课程"（Computing）。从ICT到Computing不仅意味着课程名称变化，英国中小学计算课程的思想和内容都随之发生着变革。如计算课程名称所强调的，计算思维的培养在计算课程标准中居于核心地位，这里的计算，指的是任何需要借助电脑、受益于电脑或者制造电脑的目标性行为，包括设计和制造硬件、软件，处理、组织并管理不同种类的信息，用电脑进行科学研究，让电脑系统智能地运行，创造并使用通讯及娱乐媒体，寻找和搜集与目标相关的各种信息等。与以往关注信息与通信技术的ICT课程不同，计算课程由计算机科学、信息技术和数字素养三部分内容构成，在不同学习阶段，"学生们都将接受优质的计算机知识教育和编程教育，从而学会使用计算思维，创造性地来理解和改变这个世界"①。自此，编程教育正式进入英国的中小学当中。

2014年，英国政府组织"编程年"运动，鼓励全英国民众学习编程，以此发现计算机科学的力量，并尝试以新的思维方式来感知世界。同年底，2014版英国国家课程标准发布，包含编程教育内容的计算机课程被规定为5—16岁学生的必修课。2015年，英国计算机学会、微软、谷歌、因特尔等联合组成的研究团体（The Computing at School Working Group，以下简称CAS）发布《计算思维教师指南》（*Computational Thinking: A Guide for Teachers*），构建计算思维的理论框架，以帮助中小学教师更好地理解和教授计算思维。与此同时，CAS团体还开发出具体的教学设计指导意见、教学案例，以支撑教师更好地开展计算课程教学。为推动编程教育的普及，英国的科技企业和相关组织还陆续发起很多促进编程教育的活动和项目；为解决英国中小学教师教授计算课程能力不足的问题，一些企业和组织还向中小学教师群体开展编程课程或培训项目。正如我国研究者归纳，"英国的中小学Computing课程改革是在统筹课程理念、课程目标、课程内容、课程资源、课程评价和教师培训等要素的基础上，协调一致推进的"②。但也有研究者指出，尽管"英国充分考虑到课程实施的连贯性问题，采用了从课程内容、课程评价、教师专业发展到教学资源等齐头并进、协调一致的课程实施策略"，但其计算课程实施也面临着性别失衡和课程吸引力下降等困境。③

（三）中国的"校内外"结合模式

2017年，国务院发布《新一代人工智能发展规划》，提出人工智能已经成

---

① 王宏燕，田玉贺. 英国：编程教育进入国家课程 [J]. 上海教育，2016(2)：21.
② 刘向永，马启娜. 计算思维导向下信息技术课程的国际新图景 [J]. 上海教育，2020(35)：36.
③ 凌伟. 从设计到实施：英国计算课程改革的经验及启示 [J]. 基础教育课程，2020(11)：73-80.

为国际竞争的新焦点，强调"加快培养聚集人工智能高端人才""把高端人才队伍建设作为人工智能发展的重中之重，坚持培养和引进相结合，完善人工智能教育体系，加强人才储备和梯队建设"，并且提出"在中小学阶段设置人工智能相关课程，逐步推广编程教育，鼓励社会力量参与寓教于乐的编程教学软件、游戏的开发和推广"①。为落实这一发展规划文件，"引导高等学校瞄准世界科技前沿，不断提高人工智能领域科技创新、人才培养和国际合作交流等能力，为我国新一代人工智能发展提供战略支撑"，教育部于 2018 年 4 月制定《高等学校人工智能创新行动计划》。②2019 年 3 月 13 日，教育部办公厅印发《2019 年教育信息化和网络安全工作重点》，在"培养提升教师和学生的信息素养"中进一步提出，要"推动在中小学阶段设置人工智能相关课程，逐步推广编程教育"。

早在 2003 年 2 月，在我国全日制普通高中的《信息技术课程标准》（审定稿）当中，必修课程为"信息技术基础"，五个选修模块分别是："算法与程序设计""多媒体技术应用""网络技术应用""数据管理技术""人工智能初步"。随后发行的不少高中信息技术课程教材中，也有相应的人工智能分册或相关人工智能主题的内容。"受限于当时人工智能技术本身的发展，教学内容更多涉及的是'专家系统''分布式计算'等传统概念以及递归程序设计等实践内容。"③并且，2003 年版的《高中信息技术课程标准》强调"双基"，即基础知识和基本技能的掌握，而 2017 版的《普通高中信息技术课程标准》，则提出高中信息技术学科核心素养的四个核心要素，即信息意识、计算思维、数字化学习与创新、信息社会责任。

---

① 国务院印发《新一代人工智能发展规划》[EB/OL].(2017-07-20)[2021-08-07].http://www.gov.cn/home/2017-07/20/content_5212053.htm.

② 教育部关于印发《高等学校人工智能创新行动计划》的通知[EB/OL].(2018-04-03)[2021-08-07]. http://www.moe.gov.cn/srcsite/A16/s7062/201804/t20180410_332722.html.

③ 卢宇，汤筱玙，宋佳宸，余胜泉.智能时代的中小学人工智能教育：总体定位与核心内容领域[J].中国远程教育，2021(5)：23.

在 2017 版的《普通高中信息技术课程标准》当中，明确将计算思维列为学科核心素养之一，并予以界定："计算思维是指个体运用计算机科学领域的思想方法，在形成问题解决方案的过程中产生的一系列思维活动。具备计算思维的学生，在信息活动中能够采用计算机可以处理的方式界定问题、抽象特征、建立结构模型、合理组织数据；通过判断、分析与综合各种信息资源，运用合理的算法形成解决问题的方案；总结利用计算机解决问题的过程与方法，并迁移到与之相关的其他问题解决中。"[1]在"算法初步"选修模块中的"教学提示"中写道："在教学过程中，可针对具体的算法情境问题，让学生经历利用算法解决问题的全过程。从实际的问题入手，让学生分析问题，建立数学模型，将其形式化，用计算机语言编程解决。在解决问题的过程中，注重思路和方法的引导，以利于学生计算思维的形成和发展。"此外，与人工智能相关的内容也反复出现在这份课程标准当中，在必修模块"数据与计算"的内容要求中，"通过人工智能典型案例的剖析，了解智能信息处理的巨大进步和应用潜力，认识人工智能在信息社会中的重要作用。"此外，"人工智能初步"仍作为选择性必修模块，具体分为"人工智能基础""简单人工智能应用模块开发""人工智能技术的发展与应用"三个部分内容，"通过本模块的学习，学生应该了解人工智能的发展历程及概念，能描述典型人工智能算法的实现过程，通过搭建简单的人工智能应用模块，亲历设计与实现简单智能系统的基本过程与方法，增强利用智能技术服务人类发展的责任感"。

2018 年 3 月，江苏省教育厅发布《关于印发〈江苏省义务教育阶段劳动技术教育课程大纲〉〈江苏省义务教育阶段信息技术教育课程大纲〉的通知》。在《江苏省义务教育阶段信息技术教育课程大纲》当中，面向小学和初中阶段的信息技术课程包括"信息技术基础""算法与程序设计""人工智能初步""机器人

---

[1] 中华人民共和国教育部. 普通高中信息技术课程标准（2017 年版）[M]. 北京：人民教育出版社，2017：6.

技术""物联网技术"五个模块,并在"课程开发建议"中提出:"信息技术课程设置的起始年级为小学 3 年级。一些有条件的地区与学校,可提前到 1~2 年级开设信息技术课程。"2018 年 9 月,重庆市教育委员会下发《关于加强中小学编程教育的通知》,要求各中小学开足开齐编程教育课程,小学 3~6 年级以及初中阶段累计均不少于 36 课时。2019 年,河南省教育厅发布《关于推进中小学人工智能教育的通知》,当中提出,为推动中小学人工智能知识体系建设与课程开发、智能学习支持环境和智能教育教学资源建设,将在全省范围内遴选 10 个市县区、500 所中小学作为试验区、实验校,开展中小学人工智能教育探索与实践。2021 年 4 月,长沙市教育局发布《关于在全市开展人工智能普及教育的通知》,"小学主要教学内容为人工智能知识普及,初中主要教学内容为编程教育"。

　　中国的儿童编程教育在商业领域发展迅猛,很多创业公司纷纷投身儿童编程教育的培训市场,研发和生产相关产品。伴随着越来越多的儿童编程项目和儿童编程公司的成立,能够为我国儿童编程教育市场注入新活力,"但不容忽视的是绝大部分公司还处于初始发展阶段,融资不足、发展欠缺的问题十分明显"[1],这不仅需要政策和市场的支持与包容,也需要更多地与高校等机构开展科研合作、儿童编程教育的理论和实践研究。

　　家庭教育层面,有论者调研我国湖南长沙、浙江杭州、湖北黄石以及天津 4 个城市城区小学的 163 个学生家庭,得出了以下几个结论:"中国城市家庭的家长们虽然对编程教育知之甚少,却有着热切的期望;家长们虽然自身编程能力有限,但可快速提升的潜力很大;家长们乐于主动学习,有着与孩子共同成长的良好愿望。"特别值得关注的是,受世界范围儿童编程教育热潮的影响,"身处城市的家长不仅表示出关注、紧跟儿童编程教育这一趋势,尤其认同编程

---

[1] 孙立会,周丹华.国际儿童编程教育研究现状与行动路径[J].开放教育研究,2019,(2):32.

教育能够促进儿童思维能力的发展"①。

总体而言，我国虽然在逐渐提高对儿童编程的重视，并且儿童编程课程已经在部分省市开展，但在具体的课程教学体系构建、教材编订、师资队伍建设乃至编程工具的开发等方面都亟待持续的投入和改进，不同地区之间儿童编程教育的开展规模、实施水平也可能存在着地域差异尤其是城乡差异。特别要注意的是，未来我国推广儿童编程教育，不能将之视为"加分项"，从而演变成一种学业压力、学业负担，而应将之作为激发儿童学习兴趣、提升儿童能力尤其是培育计算思维的大胆尝试，从而对儿童的学习和生活产生积极的影响。

第三节 重点：培养计算思维

一、"计算思维"的提出和发展

计算思维概念最早起源于计算机科学领域。早在20世纪80年代，西摩·佩珀特在《因计算机而强大：计算机如何改变我们的思考与学习》一书中提出，"儿童的思维其实和'真正的科学'，也就是科学家的思维有共通之处"，儿童应当也可以具备"像计算机一样思考"的能力；②1996年，佩珀特在一篇数学教育主题的文章中再次提及，儿童具备"像计算机一样思考"的能力，可以用来帮助他们构建具有阐述性的几何理论。③21世纪以来，经由诸多学者的

---

① 简婕，王明元.在家庭中开展编程教育的可行性调查[J].中国信息技术教育，2019(21)：104-106.
② 西摩·佩珀特.因计算机而强大：计算机如何改变我们的思考与学习[M].梁栋，译.北京：新星出版社，2019：184-208.
③ PAPERT S. An Exploration in the Space of Mathematics Educations[J]. International Journal of Computers for Mathematical Learning, 1996(1):95-123.

推广和界定，计算机科学领域的计算思维开始广为人知，其定义愈发丰富，更被认为是未来社会的关键能力。

（一）"计算思维"的首次界定

2006年，美国卡内基梅隆大学周以真（Jeannette M. Wing）以计算思维为标题发表论文，提出计算思维应当是每个人，不仅仅是计算机科学家，都渴望学习和使用的"一种普遍适用的态度和技能"。与佩珀特教授的观点相同，文章中提出，除了阅读、写作和算术，"我们还应该在每个孩子的分析能力中加入计算思维"，因为"计算思维正在将一个看似困难的问题重新表述为一个我们知道如何解决的问题"。继而将计算思维定义为："运用计算机科学的基础概念去解决问题、设计系统和理解人类行为的思维活动，其中包括一系列反映计算机科学领域广度的心智工具[①]。"

文中运用计算机科学的基础概念对计算思维进行界定和分析：计算思维是使用启发式推理来发现解决方案，它是在存在不确定性的情况下进行规划、学习和安排；它是搜索、搜索和更多搜索，产生一个网页列表、赢得游戏的策略或反例。计算思维是使用大量数据来加速计算，它在时间和空间、处理能力和存储容量之间进行权衡。日常生活中不乏计算思维的运用，例如当你的女儿早上上学时，她把一天里需要的东西放在背包里，这就是预取和缓存；当你的儿子丢了拳击手套，你建议他回想，这是回溯；你什么时候停止租用滑雪板，而给自己买一副？这就是在线算法。在超市结算时你站在哪一排？这就是多服务器系统的性能建模。为什么你的电话在停电时还能使用？……不仅限于日常生活，计算思维还对其他学科如统计学、生物学产生影响。

计算机科学是研究计算的学科，研究什么可以计算以及如何计算。故而计

[①] WING J. M. Computational Thinking[J]. Communications of the ACM, 2006(3):33.

算思维具有以下特点：第一，概念化，而非编程。计算机科学不是计算机编程，像计算机科学家一样思考不仅仅意味着能够为计算机编程，还需要在多个抽象层次上思考。第二，基本技能，而非死记硬背的技能。只有每个人都必须知晓的基本技能才能在现代社会中发挥作用，死记硬背则意味着机械的例行程序。第三，人类的而非计算机的思考方式。计算思维是人类解决问题的一种方式，它并不是试图让人类像计算机一样思考。电脑枯燥乏味，人类是聪明和富有想象力的。人类配备计算设备，但是用自己的聪明才智解决问题。第四，补充和结合数学和工程思维。计算机科学本质上依赖于数学思维，因为其与所有科学一样将数学作为基础。考虑到我们构建的系统与现实世界相互作用，计算机科学天生就依赖于工程思维。但基层计算设备的限制，迫使计算机科学家运用计算思维，而不仅仅是数学思维，自由构建虚拟世界能够让我们在物理世界之外设计系统。第五，是想法而非人工制品。我们生产的软件、硬件产品终将无处不在，触动我们的生活。届时，我们将以计算概念来处理和解决问题，管理我们的日常生活，与人沟通，互动交往。[1]

周以真在文章末尾提出，计算机科学的基础研究并非已经完成得只剩下工程设计。计算思维是一项宏伟愿景，可以指导计算机科学教育者、研究者和实践者改变该领域的社会形象。本科教育之前的受众，包括教师、家长和学生可以参与到这一宏伟愿景当中。至于高等院校当中，"计算机科学教师应该为大学新生教授一门名为'像计算机科学家一样思考的方法'的课程，使其面向非专业学生，而不仅仅是计算机科学专业的学生"[2]。2008年左右，计算思维的概念被引入我国后，同样是先在大学计算机基础课程教学中迅速推广和发展，之后慢慢走入中小学的信息技术课程当中。[3]

---

[1] WING J. M. Computational Thinking[J]. Communications of the ACM, 2006(3):34.
[2] WING J. M. Computational Thinking[J]. Communications of the ACM, 2006(3):35.
[3] 王荣良. 中小学计算思维教育实践 [M]. 上海：上海科技教育出版社, 2019: 前言.

（二）从"思维活动"到"思维过程"

2008年，周以真再次发文强调，计算思维将影响每一个领域的每一个人，这一愿景给我们的社会特别是我们的儿童带来了新的教育挑战。在思考计算时，我们需要适应所处领域的三大驱动力：科学、技术和社会。加速的技术进步和巨大的社会需求迫使我们重新审视计算的最基本科学问题。文章将计算思维视作是一种分析思维，它与数学思维是我们解决问题的一般方法；它与工程思维分享了我们设计和评估一个运行的大型复杂系统的一般方法；在现实世界的约束下，它与科学思维分享了我们理解可计算性、智能、思维和人类行为的一般方法计算思维的内涵和构成，都体现了它不是一个独立存在的概念。因此，它在实践中常常与算法思维（Algorithmic Thinking）、编程思维（Programming/Coding Thinking）、数学思维（Mathematical Thinking）和工程思维（Engineering Thinking）等概念交叉在一起，相互串联。①

计算思维无处不在，无人不学。计算思维的本质和基础是抽象化和自动化。"抽象过程决定了我们需要强调哪些细节，哪些细节可以忽略"；人类可以处理信息；人类可以计算。人类精神力量可以被"金属"力量加以放大，计算便是人类抽象过程的自动化。换句话说，计算思维不需要机器。当然，当我们考虑人和机器作为计算机的组合时，我们可以利用人与机器的组合处理能力。例如，人类在解析和解释图像方面仍然比机器更好；另一方面，机器在执行某些类型的指令方面要比人类快得多，在处理数据集方面要比人类处理的数据集大得多。② 在此，计算思维的定义由"思维活动"推进为综合的"思维过程"——"一种解决问题的思维过程，能够清晰、抽象地将问题和解决方案用信息处理代

---

① 郁晓华，肖敏，王美玲．计算思维培养进行时：在K—12阶段的实践方法与评价[J]．远程教育杂志，2018(2)：20．

② WING J. M. Computational Thinking and Thinking about Computing[J].Philosophical Transactions: Mathematical, Physical and Engineering Sciences, 2008(366):3717-3719.

理（机器或人）所能有效执行的方式表述出来"。①

二、儿童编程教育视域中的计算思维

虽然自计算思维的提出已过去多年，相关的研究也取得了很大的进展，但到目前为止关于计算思维的定义在学界还没达成共识。研究者们往往根据自己的理解来界定计算思维的内涵。例如，丹宁把计算思维界定为一种将问题表征为信息过程并寻求算法解决的思维方式；②巴尔和斯蒂芬森则认为，计算思维是一种通过计算机实现问题解决的方法。③但正如佩珀特、周以真等人在研究中所强调的，计算思维对于儿童教育尤其是儿童学习知识、培养和提升问题解决能力具有至关重要的作用。因此，计算思维的概念在被提出、界定之后，许多专业机构、科技公司和专家学者在教育领域尤其是儿童教育领域对之进行探索和深化。

（一）ISTE&CSTA 针对 K—12 阶段的定义

国际教育技术协会（International Society for Technology in Education，以下简称 ISTE）是一个在教育科技领域拥有遍及全球的会员和占具主导地位的非盈利专业组织；美国计算机科学教师协会（Computer Science Teachers Association，以下简称 CSTA）则由 K—12 各阶段（小学、初中、高中）计算机学科的一线

---

① WING J. M. Computational Thinking and Thinking about Computing[J].Philosophical Transactions: Mathematical, Physical and Engineering Sciences, 2008(366):3724.

② DENNING P. J. The Profession of IT Beyond Computational Thinking[J]. Communications of the ACM, 2009, 52(6): 28-30.

③ BARR V, STEPHENSON C. Bringing Computational Thinking to K—12: What is Involved and What is the Role of the Computer Science Education Community? [J]. Acm Inroads, 2011, 2(1): 48-54.

教师、家长以及高校教师、工业界、其他非盈利组织成员等构成的组织。2011年，以上两个机构共同为计算思维下了一个可操作性定义，明确计算思维即解决问题的过程，这一过程包含但又不限于以下六种认知技能：

- 定义问题，能够利用计算机和其他工具来帮助解决这一问题；
- 合乎逻辑地组织和分析数据；
- 对这些数据进行抽象化处理，如模型、仿真等；
- 通过算法思维有序表达解决方案，从而支持自动化；
- 尝试识别、分析、实施其他可能的问题解决方案，并找到最有效的方案；
- 将这一问题的解决过程推广、迁移到其他领域当中。①

以上特征又与以下五种支持性的态度密切相关：

- 面对复杂问题的信心；
- 解决困难问题的耐心；
- 处理模糊问题的恒心；
- 处理开放式问题的能力；
- 与他人沟通合作的能力。②

相比前文呈现的计算思维定义，ISTE、CSTA 所下的定义兼顾周以真教授提

---

① CSTA & ISTE. Operational definition of computational thinking for K—12 education [EB/OL]. [2021-10-20]. https://cdn.iste.org/www-root/Computational_Thinking_Operational_Definition_ISTE.pdf.

② CSTA & ISTE. Operational definition of computational thinking for K—12 education [EB/OL]. [2021-10-20]. https://cdn.iste.org/www-root/Computational_Thinking_Operational_Definition_ISTE.pdf.

出的抽象化、自动化特征，又更为具体、可操作，具有相对清晰的过程，并注意到计算思维对于教育尤其是儿童教育的应用，尤其提出了培养儿童计算思维过程中应注意的态度和品质培养。

2016年，CSTA发布修订的《K—12阶段计算机科学标准》，为美国各州、地区的学校制订计算机科学的课程大纲提供指导。这份标准将面向从幼儿园到中学的计算机教育分为核心概念和核心实践两部分，其设计意图在于让计算机科学能够惠及每一位学生。

表1—1 美国K—12计算机科学内容框架[①]

核心概念	核心实践
·计算系统 ·网络和互联网 ·数据和分析 ·算法和编程 ·计算的影响	·促进包容的计算文化 ·聚焦计算展开合作 ·确认并定义计算问题 ·发展和使用抽象 ·创作计算机作品 ·调试和优化计算机作品 ·关于计算进行交流

从美国K—12计算机科学的内容可见，在强调计算机科学基础内容的同时，还在核心实践当中强调学生应具有定义和解决问题的能力、合作沟通能力，与之前2011年所界定的计算思维一脉相承。在《K—12阶段计算机科学标准》的具体内容中还提到，面向幼儿园到小学低年级儿童的编程教育，其目的不是单纯地掌握编程技能，而在于引导儿童发现和解决生活中的问题，引导他们发挥自己的想象力表达自己的创意。

---

① The K–12 Computer Science Framework[EB/OL].[2021-08-11]. https://k12cs.org/.

（二）谷歌计算思维模式

著名的谷歌计算思维模式尤其强调计算思维在非计算机科学领域的应用。之所以称作"思维模式"，是因为谷歌对于计算思维的界定更偏重思维本身的训练，谷歌所提供的案例也大多是数据类型的问题。如图1-1所示，"谷歌计算思维模式"当中包涵四个核心环节：

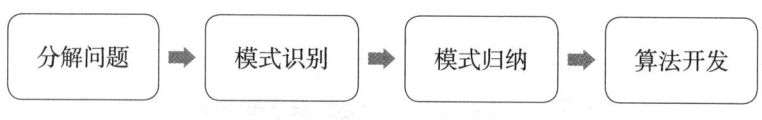

图1-1 谷歌计算思维模式

首要环节是分解问题，把数据、过程或问题分解成更小的、易于管理或解决的部分；其次是模式识别，分析数据的模式、趋势和规律；再次是模式归纳即抽象化，找到模式背后的一般原理；最后环节是算法开发，即为解决问题撰写一系列详细的指令。①

周以真在2006年定义计算思维的文章中就提及，计算思维可以灵活运用在日常生活当中。依据谷歌计算思维模式，我们同样可以将之运用到日常生活的问题解决场景当中。比如自助餐流水线的设计，去自助餐厅会发现，一般是餐盘而非刀叉放在触手可及之处，因为人们不喜欢端着餐盘或拿取食物时还要兼顾刀叉，拿刀叉往往放在最后一步；再比如自驾游的路线和食宿规划，同样需要我们运用自己的计算思维对次序进行精心规划，并考虑到游览路线当中的具体细节。

（三）计算思维三维框架

2012年，雷斯尼克所带领的终身幼儿园研究小组提出计算思维三维框架，

---

① Computational Thinking for Educators[EB/OL].[2021-08-11]. https://computationalthinkingcourse.withgoogle.com/course?use_last_location=true.

这一研究成果在其中包括三个维度：计算概念（Computational Concept），学习编程时所使用的概念；计算实践（Computational Practices），学习者在编程中所发展的实践；计算观念（Computational Perspectives），学习者在编程过程中所形成的有关他们周围世界和他们自己的观念。① 这一计算思维三维框架为哈佛大学认可并采用，即国内儿童编程教育界常说的"哈佛创意计算思维三维框架"。与前述两类计算思维的概念框架相比较，计算思维三维框架更具实践性和可操作性，计算概念通过计算实践加以传递，计算实践的重点在于培养计算观念。三个维度本身及其中传递的教育理念，与我国信息技术课程强调知识与技能、过程与方法、情感态度与价值观的三维目标不谋而合，计算概念对应知识与技能，计算实践对应过程与方法，计算观念对应于情感、态度与价值观。

表 1-2　计算思维三维框架②

计算概念	计算实践	计算观念
・序列 ・循环 ・并行 ・事件 ・条件 ・运算符 ・数据	・尝试和迭代 ・测试和调试 ・重用和改编 ・抽象和模块化	・表达 ・联系 ・质疑

时至今日，学界已经普遍认可计算思维作为一个专业术语，用来描述现代社会尤其是教育界对培养学生的编码知识、问题解决能力、算法思维等的日益关注。计算思维侧重儿童能从实践编程和算法中发展出技能，并能培养抽象思

---

① BRENNAN K., RESNICK M. New frameworks for studying and assessing the development of computational thinking[EB/OL]. [2021-08-12].http://web.media.mit.edu/~kbrennan/files/Brennan_Resnick_AERA2012_CT.pdf.

② WHAT IS COMPUTATIONAL THINKING? [EB/OL].[2021-08-12].http://scratched.gse.harvard.edu/ct/defining.html.

维、解决问题、模式识别和逻辑推理等素质。在当代信息社会飞速进步的背景下，如 CS for All，美国 K—12 阶段计算思维标准，机器人、3D 打印、微处理器等工具以及编程，都将计算思维作为支持这些学习领域的一个领域。[1] 某种程度上，儿童进行编程过程，即是一种将大问题不断分割细化成小问题的过程，在这一过程中，儿童不断思考如何将各种代码合理安排在整个程序当中，才能保证程序流畅运行，处理输入、输出，这样的学习也将提升着儿童的抽象逻辑和分析能力。

基于以上对计算思维概念的追溯和分析，我们最终总结出儿童编程教育视域中对于计算思维的概念认识：第一，计算思维是人类思考和解决问题的思维模式之一；第二，计算思维并非只和计算机科学密切相关，其广泛存在于日常生活当中，是儿童走向社会、面向未来的一种思维模式；第三，计算思维是儿童通过学习（尤其是编程学习）所能够掌握的一种思维模式，儿童能够在掌握这一思维模式的过程中同步培养态度、品质乃至世界观。

三、面向低龄段儿童的计算思维培养

正如雷斯尼克所说，儿童不是在学编程（Learn to Code），而是用编程学（Code to Learn）。指向计算思维培养的低龄段儿童编程教育，需要考虑到幼儿园大班和小学低年级学生处于不同的认知发展阶段，使用相应的编程语言和学习平台以激发他们的编程兴趣，让儿童在尝试编程的过程中收获情感、态度乃至价值观。

---

[1] ANGELI C, GIANNAKOS M. Computational Thinking Education: Issues and Challenges[J]. Computers in Human Behavior, 2020(105):1-3.

（一）幼儿园大班学生的"用编程学"

如前所及，雷斯尼克的"4P"创造性学习法在提出后，便成为多个国家开展编程教育的重要指导原则。基于面向低龄段儿童的计算思维，同样遵循项目（Projects）驱动、同伴（Peers）合作、保持热情（Passion）、游戏（Play）为主这四种适合儿童兴趣和认知特征的编程教育指导原则，我们先尝试设计幼儿园大班学生"用编程学"的概貌：

大班幼儿一般处于前运算阶段，已经具备人类特有的语言思维，能够区分思维和动作，能够用词语和表象相结合的方式去思考。这一阶段是儿童构建语言和概念、培养基础逻辑能力的黄金时期，离不开成人、伙伴的指导性参与或合作。因而，成人首先让儿童了解计算机是什么、能做什么，当儿童知道计算机能做很多好玩的事情更能在日常生活中发挥巨大作用之后，会产生"计算机科学是一件物品，而且很有趣"[①]的学习体验，继而告知儿童，编程语言就是我们人类向计算机发出指令或者通过计算机处理信息的方式。

相较其他认知发展阶段的儿童，幼儿园大班的儿童活泼好动，想象力丰富，但其兴趣和注意力的保持时间较短，寓教于乐是最为适切的编程学习方式。大班幼儿的"用编程学"与生活、游戏密不可分。"不插电"课程避免儿童过早接触电子屏幕，更可以激发儿童的兴趣和灵感，让他们进行简单的逻辑练习，生成序列感。例如儿童合作玩"小兔跳"游戏，儿童听对方的指令做动作，小兔子前后跳、左右跳、上下跳，便是编程学习中需要理解的移动指令。儿童通过扮演游戏中的角色，手脑一同运转，左转、右转、上跳、下跳，置身于"程式"的世界中，在游戏之中学习，明白方向感和立体空间感。

幼儿园大班阶段，也可以尝试引入积木块式编程。例如"小恐龙找妈妈"

---

① 简·克劳斯，奇奇·普罗特斯曼.给孩子的计算思维与编程书：AI核心素养教育实践指南[M].王晓春，乔凤天，译.北京：机械工业出版社，2020：94.

的游戏："今天老师给小朋友们请来了一位小伙伴，就是我们的小恐龙，今天恐龙妈妈要过生日，小恐龙非常爱他的妈妈，所以他要给妈妈送蛋糕，你们可以帮助它吗？"给儿童提供相应的指令卡，带有箭头的是移动指令，带有放大镜图标的是动作指令。儿童依据小恐龙送蛋糕的移动路线为编程小车安装相应的指令卡。

（二）小学低年级学生的"用编程学"

小学低年级的儿童在进入具体运算阶段后，其思维具有明显的符号性和逻辑性，面对问题时能遵循法则进行推理思维，但一年级学生的具体形象思维成分居多，其推理能力往往需要具体实物的支持，或只限于可见的具体情境或熟悉的经验。但儿童在步入小学之后，能够进行一些真正的程序块编码体验。从技能上看，儿童学习编程过程中，要让不懂思考的计算机听懂自己的指令并完成任务。语言能力和逻辑能力发展较好的学生，将可以预测运行代码会输出什么，"当简单序列被打乱后，如何把它们整理成正确的顺序"。

正如我国计算机教育研究者指出："除了传统的目标定位，如编程的技能、将一个现实问题分解成能够由计算机程序解决的一系列问题的方法以外，还要在编程学习过程中体验与感悟到将问题抽象为一系列可执行步骤的思维方式，也要能够感受到计算机通过执行程序表现的自动化特征以及通过程序控制计算机行为的愉悦。"[①]在儿童"用编程学"的进程中，如果能为儿童设计适宜其认知发展特征和能力范围的、兼有游戏性质的项目，"凭借丰富的想象力和将电脑作为'泥团'，孩子们将创造出比成年人更有创造性的游戏、动画故事和应用程序"[②]。儿童还将获得"计算机科学是我能学会且能从中得到乐趣的事""计算

---

① 王荣良.儿童编程教育价值与实施途径分析[J].中国信息技术教育，2017(21)：9.
② 简·克劳斯，奇奇·普罗特斯曼.给孩子的计算思维与编程书：AI核心素养教育实践指南[M].王晓春，乔凤天，译.北京：机械工业出版社，2020：96.

机科学是我可以用来创造物品的技能"这样的学习体验。[①] 与此同时，还有成就感的获得："与年龄大的学生相比，年龄小的学生更倾向于冒险，更不害怕失败。这意味着我们通常可以要求他们尝试新事物，而不必担心其他学生在做什么。小学生会积极地按照你的提示创建基本的程序，如：其中一个角色说：'你好，世界！'另一个角色说'您好'作为回应。小学生不仅会这么做，还会庆祝他们的成功，甚至可能拥有成就感，这种成就感能帮他们度过以后的挫折。"[②]

编程语言少打一个等号，或是在某一行的末尾少加一个分号，就会造成程序的混乱。在分析问题编写指令序列时，即便是小学高年级学生也往往会忽略某种状况或重要条件。因此，儿童"用编程学"的进程中，还能够有效改正粗心的毛病，逐步培养严谨的思维品质；而反复的调试过程，则又可以培养儿童的耐心和恒心。

[①] 简·克劳斯, 奇奇·普罗特斯曼. 给孩子的计算思维与编程书：AI核心素养教育实践指南[M]. 王晓春, 乔凤天, 译. 北京：机械工业出版社, 2020: 94-95.

[②] 简·克劳斯, 奇奇·普罗特斯曼. 给孩子的计算思维与编程书：AI核心素养教育实践指南[M]. 王晓春, 乔凤天, 译. 北京：机械工业出版社, 2020: 96.

第二章 课程篇

作为培养计算思维的载体，面向低龄段儿童开发编程课程的重要性不言而喻。如前所述，我国已颁布一系列的编程教育相关文件政策，但整体而言，我国的儿童编程教育却仍处于起步发展阶段，相关的课程标准制定、课程建设、教材研发等都还不多，特别是针对实体编程开展的相关课程研究更是少之又少。因此，指向计算思维培养，设计开发低龄段儿童编程课程具有重要的理论价值和实践意义。本章首先阐述指向计算思维培养的低龄段儿童编程课程的设计思路、设计原则、设计特点，继而依据国内外关于计算思维内涵的研究，构建面向低龄段儿童编程的计算思维框架，进而在这一框架基础上制定适宜的课程目标，选择和组织合理的课程内容。

第一节 课程设计的思路、原则和特点

一、低龄段儿童编程课程设计思路

课程被称作教育领域中"涵义最复杂、歧义最多"的概念之一。概括而言，课程概念的内涵主要包括三个方面，即课程作为学科，课程作为目标或计划，课程作为经验或体验。[1] 课程设计与课程开发有所区别。课程设计是基于"有"而开展的活动，即"在已经确定了设置哪些课程的基础上制定课程目标、

---

[1] 张华. 课程与教学论[M]. 上海：上海教育出版社，2000：65.

选择和组织课程内容"。① 据此，指向计算思维培养的低龄段儿童编程课程设计，其主要任务在于制定适宜的课程目标，选择和组织合理的课程内容。在完成这两项任务的过程中，既要立足于计算思维的框架，又要充分尊重低龄段儿童的身心发展规律。

（一）始于计算思维培养目标

美国著名的课程理论专家泰勒认为，确定教育目标是课程开发的出发点。"如果要设计一种教育计划并不断加以改进，那就有必要拥有关于所指向的目标的观念。针对这些教育目标，应怎样选择材料、规划内容、开发教学程序、编制测验的标准？教育计划的所有这些方面实际上是达到基本教育目标的手段。"② 课程开发过程的起始之处在于教育目标，对于面向低龄段儿童的编程课而言，其最重要的目标是培育他们的计算思维即解决问题的能力。因此，计算思维的特点、构成、框架、过程等成为设计者首先需要考虑的问题。

第一章界定计算思维概念时曾强调，计算思维是人类的而非计算机的思考方式。计算思维是人类解决问题的一种方式，它并不是试图让人类像计算机一样思考。③ 这从根本上决定着低龄段儿童编程课程的内容不局限于某些计算机技术或者编程概念的学习，某些特定的操作训练和编程实践，而是指向计算思维即分解问题、模式识别、模式归纳这一整个过程。计算思维又是一个复杂的概念，不单纯包括算法思维和编程思维，还涉及数学思维、批判性思维、协同能力和创造力等重要技能。在课程设计的过程中，设计者除了需要考虑教学过程中如何贯彻算法思想和编程能力的提升，也需要关注学生在问题解决过程中

---

① 李森，陈晓端. 课程与教学论 [M]. 北京：北京师范大学出版社，2015: 98.

② TYLER R. Basic Principles of Curriculum and Instruction[M]. Chicago: The University of Chicago Press, 1949:3.

③ WING J. M. Computational Thinking[J]. Communications of the ACM, 2006(3):34.

其他思维能力的培养。这需要对课程设计有一个整体性的统筹考虑，体现出指向计算思维培养的课程设计的复杂性、系统性和整体性。

（二）尊重低龄段儿童发展规律

低龄段儿童的心理和思维区别于其他年龄段尤其是高龄段的学生，对其计算思维的培育也与其他年龄段有着明显的不同，主要体现在计算思维三维框架的具体内容以及培育的方式和方法上。对于处在不同成长阶段的儿童，应设计不同的课程活动。在教学设计的过程中，同样需要遵照低龄段儿童身心发展的规律对课程目标、课程内容、课程活动和课程评价进行深入思考。主要体现在：强调情境的作用，注重学习内容与真实问题的接轨，强化学生的适应能力与情感态度的提升；强调学习过程的持续性和动态性，让儿童频繁接触、反复运用，不断加深理解计算概念，并在编程实践中应用和提升。处于前运算阶段的大班幼儿，一般建议采用"不插电"的课程设计，通过游戏和团队活动，激发学生学习的兴趣；处于具体运算阶段的小学低年级儿童，可以进行模块化编程的教学，但需要注意情境的熟悉性，以及解决问题的趣味性，让他们在学习中获得成功感，从而保持学习的动力。最后，由于低龄段儿童逻辑思维能力薄弱，不能完全将学生完成的作品或者解决问题的成果作为学习评价的目标，而应更关注学生在学习过程中的收获、成长与发展。概而论之，指向计算思维的儿童编程课程设计理应是项目驱动的，主要通过富有童趣的情境创设，让学生体验和参与具有创造性的各类活动和游戏，尤其是同伴互助，进而学会解决问题，提升思维水平。

二、低龄段儿童编程课程设计原则

（一）学生为本原则

现代教育的理论和实践均强调以学生的发展为本。"以学生为本"的教育理念是指教育要从学生的发展出发，使学生获得全面、主动、有个性的可持续发展，注重发挥教师的主导作用，重视教育的社会功能。[①] 本课程的实施对象是从 5 岁到 9 岁的低龄段儿童，因此在课程设计的过程中，应关注该年龄段儿童的心理特征、兴趣爱好、认知发展、学习风格等特点，无论是课程目标的制定，还是学习内容的设计，都要满足低龄段儿童的特征，因材施教，以促进每一位学生的发展为最终目的。教师需要从开始进入课程设计时，就充分分析低龄段儿童的所有特点，根据学习者状态分析现状，规划课程内容纲领，选取合适的课程资源，设计合适、合理的学习路径，帮助学生在每一个需要的环节及时获取和组织有用信息，解决指向计算思维的现实问题或者具体任务，促进深度学习的有效发生。在课程设计时就需要考虑如何让学生真正成为"学习的主人"，考虑什么样的内容能发挥其主观能动性，能让学生主动参与到学习中，积极思考、协作互动，从而在素养层面得到真正的发展。

（二）创设情境原则

重视情境的创设，能够提升儿童参与学习活动的积极性，激发他们在活动中的主观能动性。无论是应对计算思维的培养需求，还是满足低幼儿童心理发展的特点，都需要课程设计者创设富有情趣、生动形象、富有感染力的故事情境，激发学习兴趣，引起学生共鸣，从而使学生在一种放松、自然的氛围下切

[①] 邵晓枫，廖其发."以学生为本"教育理念内涵的解读[J].中国教育学刊，2006(3)：3-4.

入学习状态，更容易理解学习内容，产生探索真知的热情。在课程设计的过程中，教师选取的情境，可以是源自于生活，从学生周边环境中撷取某一个典型故事或者场景；也可以源自于书籍或者动画故事，截取有趣的人物形象或者背景故事。通过表演模拟情境的发生，或者实物演示情境，或者使用图片、音乐、动画、视频等新技术手段再现情境，让学生的好奇心在情境渲染中得到满足、产生乐趣，进而促使学生激发学习动机，主动探索知识和技能的内涵，建构自己的知识体系，并且灵活应用相关所要学习的知识。

（三）关注过程原则

计算思维被认为与解决问题相关，但不仅限于此，它还是一种思维过程。这也要求我们在进行课程设计的过程中，不但要关注最终的教学目标的达成，更要关注学生在实际解决问题的过程中每个环节的表现，应用多样化的教学策略和教学评价手段，以更好地促进学生的学习，达到较好的教学效果。关注过程，既包括学习过程，又包括评价过程。对于学习过程，在课程设计时，要考虑低幼儿童学习的一般方式，考虑课程内容中信息学科的内容与其他学科知识之间的融合方式，考虑怎样规划学习路线才能使课程内容符合逻辑、具有挑战性和吸引力。在评价方式的选择中，不能仅仅局限于作品评价或者单元测试等总结性评价，更要以过程性评价和发展性评价的视角去设计评价。通过课堂观察表或者学习过程中的作业单等形式，记录学生学习的真实状况，这对于促进低幼儿童的学习与发展是大有益处的。

（四）多维协作原则

计算思维的课程设计大多是基于项目设计或者任务驱动的学习过程，要求学生围绕着解决问题的核心目标，主动参与、计划执行、动手实践、团队合作，从而一步一步地完成学习任务。在设计学习任务单时，既要考虑低幼儿童本身个体思维发展特点，选择难度适中的内容，保留学生独立思考空间，也要考虑儿童在团队中的学习与交流方式，以兴趣为引导，让每个儿童都能在团队中发挥作用。实践证明，学生学习中的协作活动有利于发展学生个体的思维能力、增强学生个体之间的沟通能力以及对学生个体之间差异的包容能力。此外，协作学习对提高学生的学习业绩、形成学生的批判性思维与创新性思维、对待学习内容与学校的乐观态度、小组个体之间及其与社会成员的交流沟通能力、自尊心与个体间相互尊重关系的处理等都有明显的积极作用。[①]

（五）自主探究原则

探究学习是指学生在教师指导下，为获得科学素养以类似科学探究的方式所开展的学习活动。它既是一种学习观念，又是一种具体学习模式。[②] 计算思维的培养，最终是为了培养学生解决问题的能力。因此，指向计算思维培养的课程设计应该关注学习者知识的构建，通过具有情境的项目设计引发学生的兴趣，充分调动其学习的主观能动性去探索、研究，以期达到育人的教学目标。在课程设计时，教师要从情境、内容、问题入手，思考哪些主题容易引发儿童关注？哪些问题值得探究？哪些活动能促进低幼学生思维能力发展？要围绕着问题的提出、分析、解决的脉络，培养学生可持续发展的能力，使学生学会学习，进而培养低幼儿童的创新精神和解决问题的能力。

三、低龄段儿童编程课程设计特点

指向计算思维的儿童编程课程既有一般课程的普遍特征，又有低幼年龄段

---

① 赵建华，李克东. 协作学习及其协作学习模式 [J]. 中国电化教育，2000(10): 5.
② 徐学福. 探究学习的内涵辨析 [J]. 教育科学，2002(3): 33-36.

学生心理发展特点以及计算思维培养过程带来的特殊属性。这些特性虽然不是儿童编程课程独有的特点，但相比较其他课程，其重要性尤为突出。概括起来主要包括以下四点：

（一）趣味性

有趣的学习内容是引发学习兴趣的重要钥匙，这对于低幼儿童尤为重要。儿童天性爱玩，他们善于模仿、乐于探索、勇于尝试，对周边的一切事物都充满了好奇心，因此兴趣是他们最好的"老师"。所以，设计良好的编程课程往往会创设一些富有情趣的故事情境，或者是开放性的贴近生活实际的项目任务，使学生在接触到课程的时候就能被其深深吸引。让学生在做中学，在玩中学，把兴趣转化成求知的内在力量，从而体验创作成功的快乐。

（二）体验性

体验性是儿童编程课程的重要特征。儿童学习编程的最终目的，不是为了完成具有创新价值的产品，也不是为了掌握复杂的编程技巧，而是体验在学习编程过程中的乐趣，从而达到促进逻辑思维能力的发展，进而培养学生识别问题、发现问题、解决问题的能力。特别是，儿童编程课程的模块中，含有部分传感器和物联网编程的内容，更体现了课程本身注重体验、发展兴趣的特点。

（三）实践性

对于低幼儿童而言，编程课程不仅是一门"学"的课程，而应该是一门"玩"的课程。因此课程除了要考虑趣味性外，还要考虑如何通过课程内容的设计，增加课程的实践性，让学生"用编程学"。因此，学习活动的规划和学习任务的设计就非常的重要。教师要努力营造一个生动、有趣的学习情境，引导学生能主动参与，在"动手"实践的过程中体会编程的快乐与乐趣，养成"动手做"来探究学习、解决问题的良好习惯。此外，编程课程的学习包括图形界面编程与传感器的连接、编程实现硬件驱动等内容，相比其他课程，编程课程对学生的实践操作能力要求更高，学习的体验感更强，能让学生得到多方面的锻炼。

（四）创新性

儿童编程课程的创新性，并不是特指"具体的创新"，即创新的产品或者成果，而是指培养学生的创新意识。创新意识是指人们根据社会、个体生活发展等的需要，引起创造前所未有的事物、观念等的动机，并在创造活动中表现出积极主动的意向、愿望和设想。[1]幼儿阶段，由于思维定势较少，因此被认为是发展创造力的黄金时代。因此，在课程设计时，要充分考虑课程内容的开放性，不追求"唯一解"，让学生保持好奇心，不断去发散思维，畅心所想。在课程主题的选取中，要选择适合具有趣味的、与生活实际相符的情境，让学生在动手创作的时候能展示自己的创造力，鼓励学生的独辟蹊径和与众不同，在不断探究中达到个性化发展的目标。

第二节 课程目标

一、儿童编程所依托的计算思维框架

综合上一章 ISTE、CSTA 针对 K—12 阶段所下的计算思维定义、谷歌计算思维模式尤其是雷斯尼克的计算思维三维框架，借鉴核心计算概念、计算实践、

---

[1] 林凡红. 如何培养孩子的数学创新思维 [M]. 北京：经济科学出版社，2012：11-12.

计算观念这三个维度，对之进行编辑和重组，构建面向低龄段儿童编程的计算思维框架，进而在这一框架基础上进行儿童编程的课程教学设计。面向低龄段儿童开展编程教育的落脚点在于培养计算思维，其中的计算概念主要抽取儿童在使用编程工具或使用编程学习平台时的基础概念，在编程学习过程中，儿童将频繁接触、反复运用，不断加深理解这些基础概念；计算实践关注的不止于儿童对于基础概念的理解，重心在于教会儿童如何学习，如何用编程学，即运用基础计算概念去分解问题、进行编程实践，习得问题解决策略；除了计算概念、计算实践之外，儿童在学习计算概念、开展计算实践即用编程学的过程中，会逐步构建对自己、对他人以及周围世界的理解，这样的计算观念是关于社会情感、品格塑造、思维习惯的综合构建，能够对儿童的认知发展和价值观形成发挥积极的影响。如表 2-1 所示，与原始框架相比，我们进行了一些调整。

（一）计算概念：增加元素

根据低龄段儿童学习编程所需要掌握的概念和知识，我们增加了 5 个元素，分别是：指令、顺序、函数、仿真和算法。

第一，指令是序列和程序的基础，一般指计算机执行某种操作的命令。在低幼阶段的编程中包含了运动指令、方向指令等不同的指令类型，掌握指令的概念有利于幼儿理解程序运行的原理。第二，顺序是程序三种基本结构之一。原先雷斯尼克计算思维三维框架中有"序列"这个元素，也有的学者将它翻译为"顺序"。但在编程课程中，序列和顺序是两个概念。序列是为完成一定任务的一系列操作步骤或者指令，顺序是与循环、分支并列的三种编程基本结构。因此两个概念都是计算思维的基础概念。第三，函数在儿童编程的高阶阶段变得尤为重要，它可以理解为一段"子程序"。通过函数的调用，便于程序进行抽象和模块化。第四，仿真在软硬件结合的课程中出现，通过相关模型的编程和调试，可以完成丰富的仿真功能。第五，算法是计算机编程的基础概念，是编程的基础。算法可以理解为解决问题的一系列的步骤。①

（二）计算实践：细化描述

计算实践是一个构建的过程，主要专注于学生思考和学习的过程。在计算实践维度，主要沿用原有的尝试和迭代、测试与调试、重用和改编、抽象和模块化四个元素，但对其内涵进行精细化和"儿童化"，以便于教师能更好地理解计算思维元素的内涵，低龄段儿童更好地掌握这一维度的内容。

（三）计算观念：内容调整

坚持和容忍是编程学习中两种重要的意志品质。对于儿童编程而言，由于其不成熟的心理特点，容易出现遇到问题就放弃，或者出现不理解的问题时就很浮躁的问题。因此教师在教学中关注学生耐心和恒心的发展，对于提升儿童的编程能力乃至于学习品质都具有非常重要的作用。

"合作"和"交流"两个元素对应原计算思维三维框架中的"联系"元素。合作是学习、工作过程当中的可贵品质之一。在信息社会当中，大型的项目研发和开展往往离不开团队合作，因此培养学生的合作意识、协作精神非常必要。交流指学生在团队合作中通过面对面或者在线的方式，交流分享自己的思想与收获，从他人的创新性实践中获益。我们认为"联系"这个词语不能表达出学生之间交流的互动性，以及期望学生能够通过这种互动相互协作、取长补短，共同完成目标的合作性。因此我们进一步强调"合作""表达""交流"等元素。

---

① WHAT IS COMPUTATIONAL THINKING? [EB/OL].[2021-08-12]. http://scratched.gse.harvard.edu/ct/defining.html.

表 2-1　儿童编程所依托的计算思维框架[①]

计算思维要素	名称	含义
计算概念	指令	指示计算机执行某种操作的命令
	序列	由计算机执行的一系列单独的步骤或者指令，以完成一个特定的活动或者任务
	顺序	从上到下依次执行
	循环	重复运行相同的指令序列
	条件	根据一定的条件做出决策
	并行	同时执行多个指令序列，以达到共同的目标
	事件	导致另一件事情发生的一个事件
	运算符	为数学、逻辑和字符串表达式提供支持
	数据	存储、检索和更新数据值（包括变量和列表）
	函数	一个固定的程序段，或称其为一个子程序
	仿真	表示或模型化一个过程，也包括运用模型进行实验
	算法	解决问题或达到目标的一系列步骤
计算实践	尝试和迭代	确定项目概念，将复杂的任务分解为不同的子任务，制订计划，再使用代码逐步重复尝试实验
	测试与调试	完成项目的运行、完善项目中出现的问题以及发现和修改错误
	重用和改编	在自己或者他人创作完成的作品基础上进行再次开发与创作
	抽象和模块化	将现实问题转化为可以解决的编程问题并且通过更小的部分构建一个集合

[①] 参考以下文献修订：WHAT IS COMPUTATIONAL THINKING? [EB/OL].[2021-08-12]. http://scratched.gse.harvard.edu/ct/defining.html

续表

计算思维要素	名称	含义
计算观念	坚持	坚持处理不通过的问题
	容忍	能够容忍模糊不清的问题
	合作	与他人一起创造和为他人创造的价值
	质疑	对计算工具的功能可行性和局限性提出问题
	交流	能够通过交流分享自己的思想，完成共同的目标
	表达	将计算看作创新和自我表达的媒介

基于以上编辑和重组的儿童编程所依托的计算思维三维框架，我们将指向计算思维的低龄段儿童编程课程总目标设定为：通过编程实践培养儿童的计算思维。让儿童了解计算思维的基本概念（如指令、算法、序列、事件等），熟悉编程环境和特征，掌握简单编程工具的运用与操作；能应用简单的编程工具，独立完成或者与他人协作解决问题或任务，实现各种创意，体验到分解问题、概括问题、抽象问题、设计算法（以及作品展示）等过程；能在编程的过程中培养良好的学习习惯、思维习惯、意志品质，以及合作意识、创新精神等，为其终身学习、持续发展奠定坚实基础。继而依据幼儿园大班、小学一年级、小学二年级、小学三年级的学段递进，即儿童的年龄增长，递进设计儿童编程一级、二级、三级、四级课程的具体目标和详细内容。

二、低龄段儿童编程一级课程目标

幼儿园大班阶段的儿童多处于前运算阶段的直觉思维阶段，智力从简单的感知运动智力或实践性的智力转变为思维本身。但这个年龄的儿童往往还不能用准确的言语表达他的思想，仍然处于行动和操作的境地。① 鉴于这样的心理特点，在一级课程目标的设计中，不宜涉及过于复杂的计算概念与计算实践。如表 2-2 所示，在计算概念这一维度，目标设计为"了解""列举""区分"的能力要求，儿童能够了解和区分指令、序列等计算思维中比较浅显的核心概念；计算实践主要依托"不插电"的游戏活动中，儿童对于某些具体问题和任务创建简单的解决方案，体验算法的过程；在计算观念中，主要关注儿童的倾听和表达，以及在活动中表现出的自信和创造力。

表 2-2　低龄段儿童编程一级课程目标

计算思维要素	目标内容
计算概念	1. 能了解指令、序列、算法、事件等计算思维核心概念； 2. 能列举顺序执行、重复执行、数据运算等解决问题的方法； 3. 能区分指令、序列等核心概念，为系统学习可视化编程奠定基础。
计算实践	1. 能尝试使用顺序执行创建一个解决方案，解决生活中的问题； 2. 能根据任务要求，对编写的程序进行测试与调试，体验用算法思想完成任务。
计算观念	1. 能耐心倾听，理清思路，清楚地表达自己的意愿，有一定的创造力； 2. 能连贯地表达自己的思想，基本完整地讲述游戏中的事件； 3. 能在教师的帮助下，发现解决问题的方案，并提出自己的疑问； 4. 能自信地参与各项游戏活动，能与他人合作交流解决问题。

例如，主题"废电池莫乱丢"通过创设"废电池回家"的情境，让幼儿通过操作编程小车来探索和解决垃圾分类这一日常生活中的实际问题，从而了解指令和序列这两个计算概念，尝试完成指令序列任务这一计算实践，并学会交流、表达这两项计算观念。作为一级课程，该课的教学三维目标为：

· 计算概念：（1）能识别什么是指令；（2）能描述简单的指令序列；

· 计算实践：能在活动的过程中，尝试操作编程小车，完成指令序列

---

① 让·皮亚杰. 儿童的心理发展 [M]. 傅统先, 译. 济南：山东教育出版社，1982：41, 50.

任务；

·计算观念：（1）能与同伴进行交流；（2）能在活动中表达自己的想法，积极参与，进而理解垃圾分类的重要性。

从目标的设计中我们看到，一级课程的目标不宜过难，要符合幼儿园小朋友的认知水平，因此只要求能识别或者描述计算概念即可；在计算实践目标中强调尝试性、体验性和可操作性，借助学习工具，学生完成指定的任务。

三、低龄段儿童编程二级课程目标

小学一年级的儿童逐渐进入具体运算阶段，开始具备守恒的概念，思维具有一定的可逆性。但其思维仍具有较大的变易性，仍然脱离不了具体事物或者形象支持。鉴于这样的思维特点，一年级儿童可以通过操作计算机中的模块化编程工具，进行简单的编程实践。因此，在二级课程目标的计算概念中，涉及的概念可以包括数据、程序、循环、运算等稍微复杂一些的内容，但能力要求达到"描述"和"解释"的程度即可；在计算实践中，已经涉及图形化界面的简单编程，运用顺序和循环结构，进行测试和调试程序；在计算观念中，开始有意识培养儿童解决问题的毅力，以及与同伴之间的协作能力。具体内容如表2-3所示：

表2-3 低龄段儿童编程二级课程目标

计算思维要素	目标内容
计算概念	1. 能描述指令、序列、算法等计算机核心概念； 2. 能说明顺序、循环等概念的特点与区别，知道计算机编程基本知识； 3. 能解释不同类型的指令、事件、运算等术语的含义，初步了解控制、绘图两个计算机编程应用方向。

续表

计算思维要素	目标内容
计算实践	1. 能创建解决问题的方案，通过测试与调试等计算实践，完成简单的任务； 2. 能根据任务进行问题分析，并进行模块化处理； 3. 能在图形化编程环境中，运用不同的结构（顺序或者循环），创建并分享自定义的游戏或故事。
计算观念	1. 能积极参与各项活动，乐于与同伴交流，表现出较好的动手能力、协作意识； 2. 能在遇到困难时坚持不懈，以较好的学习态度处理问题，并能在实践过程中学会表达自己的观点。

以"松鼠·循环"一课为例。在小松鼠采松果的故事情境当中，儿童首先运用模块化编程语言的移动指令、动作指令，继而尝试将两者组合成循环结构，帮助松鼠摘得更多的松果，种植更多的松树。这节课的教学目标为：

·计算概念：（1）能描述移动指令和动作指令的区别；（2）能复述什么是循环；

·计算实践：（1）尝试使用循环指令简化重复的动作；（2）能运用组合动作的循环指令解决问题；（3）尝试将一个长的指令序列分解成最小的可重复的序列；

·计算观念：能通过互相帮助解决实际问题，在活动中体现团结协作的精神。

由上可见，二级课程的目标和内容较之一级课程更为复杂，并开始使用模块化编程语言。在计算概念学习中，开始教授儿童理解"循环"这一相对复杂的概念；在计算实践中也进行相对复杂的操作，渐渐进入抽象和模块化的理解；在计算观念中，强调同伴互助，有利于培养合作和交流能力。

四、低龄段儿童编程三级课程目标

小学二年级的儿童一般都处于具体运算阶段,儿童形成逻辑思维能力,并能运用逻辑思维解决守恒问题和大多数的"具体问题"。在推理过程中,他们能够分别进行逆向和互反这两种可逆运算。[①]因此,这一阶段的儿童在编程学习中,可以接触稍微复杂一些的计算概念;此阶段,也适合通过物联网电子器件等硬件资源,拓宽儿童视野,帮助他们从实体物体的体验中提升逻辑思维能力。

如表2-4所示,在这一阶段课程的计算思维三维框架中,所涉及的计算概念更为复杂和宽泛,除了编程常见的核心概念外,还包括物联网和人工智能相关知识,并且能力要求可以达到"描述"和"比较"的程度;在计算实践中,从软件编程拓展到硬件编程,可以使用条件语句、循环语句进行编程,尝试解决生活中的具体问题;计算观念中,除了继续保持协作精神和学习兴趣外,还需要关注学生质疑能力的提升。

表2-4 低龄段儿童编程三级课程目标

计算思维要素	目标内容
计算概念	1. 能比较指令、算法和程序等概念的异同,理解计算机编程的核心概念; 2. 能描述基本的物联网电子器件工作原理和作用,说明仿真、自动化等概念的含义; 3. 能描述人工智能的基本应用,列举语音识别等常见应用领域
计算实践	1. 能独立完成接插基本物联网电子器件的任务; 2. 能在已有程序的基础上,进行重用代码或改编程序,并使用编写的程序控制物联网电子器件; 3. 能通过编程提升简单的家电设备智能化改造设计及实现能力; 4. 能使用条件语句、循环语句进行编程,并进行测试与调试,尝试解决生活中的具体问题

[①] 瓦兹沃思.皮亚杰的认知和情感发展理论[M].沈明明,译.厦门:厦门大学出版社,1989:194.

续表

计算思维要素	目标内容
计算观念	1. 能保持对于新鲜事物的好奇心，乐于与同伴一起交流、探索不同领域的知识，有较好的协作精神； 2. 在活动中表现出质疑精神，能独立思考问题，发现不同方案的异同点，并选择合理的方案解决问题

例如"丰富的表情"一课，是儿童在识别硬件并知道物联网编程作用的基础上，首次尝试的一个软件硬件相互结合的功能作品。在本节课中，儿童将体验到程序在现实生活中给我们带来的帮助，感受编程的力量，体验器件实现功能化后的成就感。儿童将初步在脑海中建立生活中涉及的方方面面，简易功能化物品是通过"硬件拼搭—程序编写—程序灌入—运行"这一步骤来实现的。本课的计算思维三维目标设计为：

· 计算概念：能解释 LED 指令的作用及用法；

· 计算实践：尝试编写"丰富的表情"的控制程序，完成测试与调试，完成课程活动的任务；

· 计算观念：（1）能够将所学内容与生活场景结合起来；（2）学会用自己的语言表达学习的成果；

较之幼儿园大班的一级课程和小学一年级的二级课程，面向小学二年级的三级课程，其明显特点是将硬件学习与软件学习相互结合。上述"丰富的表情"一课即体现出三级课程在难度和广度上的递进。在计算概念上，涉及硬件指令的部分；在计算实践中，需要尝试完成基于硬件的测试与调试；在计算观念中，要发挥儿童的主观能动性，能在参与的同时表达自己的观点。

五、低龄段儿童编程四级课程目标

小学三年级阶段，儿童的思维得到进一步发展，已经形成序列逻辑运算和分类逻辑运算思维。尽管儿童能进行符合逻辑的思维，但还不能将逻辑充分运用到解决假设的抽象问题之上。[①]处于这个年龄段的学生思维活跃，好奇心强，在课堂上喜欢表现自己并且想要获得教师或者同学的称赞，主要的学习动机来源于兴趣，但其注意力相对较弱，需要教师的激发、指导和帮助。

在四级课程目标当中的计算概念部分，已经涉及较难的概念，包括数据、函数等编程知识，此外学习的程序结构出现了嵌套循环等相对复杂的情况，能力要求也进一步达到"应用"的程度；在计算实践中，学生需要运用函数等知识，通过分解问题、模式识别、抽象等过程解决完整的任务情境或者设计作品；在计算观念中，则强调坚持和容忍的精神，以及学生在解决问题过程中的创造力。具体内容如下表所示：

表 2-5　低龄段儿童编程四级课程目标

计算思维要素	目标内容
计算概念	1. 能解释函数、变量、直到型循环、当型循环、计数循环、嵌套循环等相对复杂的计算概念； 2. 能区分直到型循环和当型循环的异同，并说明应用场景； 3. 能使用循环结构（包括当型循环、直到型循环和循环嵌套结构）进行程序编写
计算实践	1. 能运用函数知识将程序模块化，提高代码的利用率； 2. 能够通过分解问题、模式识别、抽象等过程将现实生活中的简单问题转换成计算机能自动处理的问题； 3. 能通过控制变量和使用函数，修改已有程序代码，并进行测试与调试，使编写的新程序产生新的功能

---

① 瓦兹沃思. 皮亚杰的认知和情感发展理论 [M]. 沈明明，译. 厦门：厦门大学出版社，1989：194.

续表

计算思维要素	目标内容
计算观念	1. 在面对复杂结构和困难问题时，表现出坚持和容忍的精神，能联系实际寻找最优的解决方案； 2. 能与同伴进行多方面的交流与协作，并尝试创新的视角去审视问题，从而完成具有创意的作品

例如，"小画家·无参函数"一课是儿童初步学习函数知识后的第一次任务挑战，实现以小画家为背景活动的函数调用与修改。在本节课中，儿童将在小画家环境中使用和修改预先定义好的函数，了解如何通过指令编写函数以及在循环中使用函数。此外，本节课还会涉及数学形状的角和边长固定特征的运用。故而将教学目标设计为：

·计算概念：能解释"无参函数"的概念；

·计算实践：能够将形状特征和函数相结合，并在循环中调用函数，以完成课程活动的任务；

·计算观念：（1）能独立解决遇到的复杂问题，体现出坚持到底的精神；（2）能根据情境提出自己的问题，并尝试通过小组合作探索解决问题的方案。

四级课程已经具有一定难度，在课程内容和目标的设置中也体现出一定的挑战性。函数的概念对于儿童来说并不容易理解。项目开展过程中，我们曾经在二年级的儿童中尝试这一内容，但是儿童理解这一内容比较困难，因此将之确定为四级课程内容。不仅于函数这一计算概念，儿童在四级课程的学习中，需要进一步培养细心、耐心和恒心等学习品质，以及遇到问题敢于质疑的精神。

第三节 课程内容

一、低龄段儿童编程课程内容的设计思路

培养计算思维的目标决定着儿童编程课程的学习内容与其他学科课程有所区别。学科课程一般围绕着知识的理解为核心任务，以知识树为脉络，设计不同的主题内容，形成框架。儿童编程课程的内容设计则需要考虑更多、更复杂的环节，包括低龄段儿童的心理特点、课程内容难度和学习活动方式的适切性、课程内容设计与计算思维培育目标的一致性等，这些都是我们在进行儿童编程课程内容设计时需要考虑的因素。在课程内容的设计上，我们尤其关注以下四个方面：

首先，课程内容的情境化。鉴于低幼儿的心理特点，设计的课程内容应具有情境性和情趣性。学习的背景最好是学生生活中常见的或者曾经遇见的，能引发学生共鸣的真实问题，或者是学生感兴趣的方面和领域，更快切入学习问题，提高学生学习的主观能动性。在四个级别的课程内容设计中，我们设计了多种不同的情境，有独立的，也有关联的。独立的情境，一般适用于单个主题授课来掌握计算概念，比如我们设计了"恐龙·事件""西游·重复直到""农场·当循环"等情境，学生通过单主题学习或者单课学习就可以较好地掌握事件、直到循环和当型循环的特点和应用方法。关联的情境主要有：小画家、松鼠和江南三个，在不同级别的课程内容中重复出现。如何编排的原因有两个：一是熟悉的情境背景，能减少内容的陌生感，使学生更快地关注学习内容；二是在跨级别的不同学习内容中产生关联，增强任务驱动感，使学习的计算思维概念具有一定的整体感。

其次，课程内容的难度控制。课程内容难度和学习活动方式要符合低幼儿

童的认知规律。我们主张开发低龄段儿童的编程能力，但并不意味着学得越多越好，学得越难越好。特别是幼儿园阶段的儿童，尚处于前运算阶段，其思维罕见逻辑性，学习内容的安排除了要考虑学生是否愿意学的问题外，也要考虑学生是否能学，以及课程内容是否适合学生学的问题。此外，课程内容的编排要遵守"先易后难，先简单后复杂"的原则，设计具有梯度的学习内容。因此，在四级课程内容设计中，一级课程"体验启航"主要让学生通过不插电的活动和简单的在线编程体验，激发儿童的兴趣和灵感，让他们进行简单的逻辑练习，体验编程的过程；二级课程"算法入门"编排了基本计算思维概念和计算实践，目的是让学生掌握编程工具的基本操作和一般算法的设计方法；三级课程"硬件融合"让学生从软件编程过渡到硬件编程，理解软件和硬件的关系；四级课程"进阶提升"则是在学习内容和学习难度上进行提升，提高学生处理复杂问题的能力和综合应用的能力。

再次，课程内容的前后逻辑关系。在每一级课程内容的设计中，除了要考虑难度的阶梯变化外，还需要考虑课程内容的逻辑关系。比如，指令是序列的重要组成部分，因此必须学习了指令概念才会理解序列是什么；在计算实践的四个要素中，测试和调试是每一次编程中都会首先遇到的，因此在课程内容编排时需要置前。又比如，在四级课程中学习嵌套循环时，必须先要知道谁嵌套谁，也就是必须要学习条件和循环的基本知识，才能最终产生嵌套的结构。那么这些内容的学习就存在前后的逻辑关系了。

最后，课程内容聚焦于重点计算思维要素。课程内容设计要保持与计算思维培养这一目标的一致性。从实际情况看，计算思维的三维要素应该在每一节课中都呈现，很少有课会存在只涉及计算概念，不涉及计算实践或者计算观念的情况，或者只涉及计算实践不涉及计算概念的情况。但是，在课程设计的时候，每一个主题或者每一节课的内容都有相应的侧重点。举例来说，在课程刚开始的主题中，更多地会考虑学生对于计算概念的理解情况，计算实践可能有，但不是授课的首要任务。随着课程学习的不断深入，计算实践中的调试、改编、模块化的重要性越来越凸显，学生学习的重点也应该随之改变。

与上一节儿童编程一级、二级、三级、四级课程的具体目标相一致，指向计算思维培养的儿童编程课程内容同样为四个级别，由于学习跨度大，学习周期长，课程设计的内容也非常丰富。目前，四级课程一共100个课时，每一级的课程包含12—15个主题。特别是一级幼儿园学段的课程，实施周期为幼儿5~6岁两年时间，内容主要为线下感知活动，也包含了部分线上的体验活动。

二、体验启航：低龄段儿童编程一级课程内容

幼儿园学段的儿童活泼好动，因此一级课程的内容要具备童趣化和游戏化的特征，内容的呈现和组织以活动和体验为主，授课形式以不插电的感知活动为特色。如表2-6所示，借助"兜兜编程号"小车、折纸、纸牌以及其他教具，我们设计了"'兜兜编程号'启航""废电池莫乱丢""小恐龙找妈妈""交通标识"等既有趣又与生活相关的主题，通过丰富的线下互动活动，让学生在游戏中了解指令、算法、顺序等计算思维概念。在此基础上，课程慢慢由"线下"过渡到"线上"，并逐渐增加难度。我们设计了"江南·方向指令与序列""松鼠·动作指令""小画家·形状与序列"等课程，让儿童在可视化编程环境中学习计算思维的基本概念，通过动手操作简单图形化代码模块，完成简单程序的调试，体验编程带来的乐趣。但考虑到幼儿园儿童的身心特点以及保护视力的需求，课程内容总体相对简单，每节课的电子屏幕使用时间控制在15分钟以内。

例如，"交通标识·复杂指令序列"是非常典型的"不插电"课程。该课创设了学生日常生活中非常熟悉的交通情境，学生通过课程学习，认识不同的交通标识；通过信号和标志的指令，学生在学习中操作编程小车，完成地图上的路线任务。整个活动过程中没有计算机的介入，但是我们通过编程小车工具以

及各类图示,模拟了可视化编程中的模块,便于后续学习的迁移。学生在操作的过程中,在完成路线规划任务中,理解编程中的指令和复杂序列的意义。

又如,《江南·巩固调试》是由"线下"过渡到"线上"的课程。我们创设了诗情画意的江南情境,学生完成符合要求的作品后,检查现存的代码,并查找出错误,通过解决错误,顺利地完成关卡。在这节课中,学习的重点是对计算实践中"调试"的理解,学生需要预测程序失败的原因,并通过修正程序中错误的代码来解决问题,达到初步学习调试的目的。学习的难度并不高,但也充分体现着计算思维所强调的问题解决过程。

表 2-6 低龄段儿童编程一级课程主题及内容

级别	主题名称	学习内容	学习目标	计算思维目标	计算思维要素	课时
一	"兜兜编程号"启航	通过兜兜编程号小车,用35个指令卡和拼图让幼儿在自主探究中边玩边学编程游戏	熟悉各类指令操作卡,乐于参与活动,体验编程的快乐	指令、顺序	计算概念	2
一	数字排序·有趣的算法	通过数字排序的游戏活动,让学生体验"算法"的实质	通过游戏的互动,帮助幼儿了解编程中"算法"的概念	算法	计算概念	1
一	废电池莫乱丢	通过创设"废电池回家"的情境,让幼儿完成指令的操作,完成垃圾分类的相关任务	理解指令以及熟练操作小车,学会与同伴协商合作,提升垃圾归类回收的环保意识	指令、序列、合作	计算概念、计算观念	1
一	小画家·简单指令序列	幼儿将通过指令控制编程小车,在白纸上绘制回家的路线	理解指令的作用,在任务驱动下完成回家路线的绘制,理解序列的含义	指令、序列	计算概念	1

续表

级别	主题名称	学习内容	学习目标	计算思维目标	计算思维要素	课时
一	交通标识·复杂指令序列	认识交通标志，通过信号和标志的指令，完成地图上的路线任务	通过小车操作完成路线规划任务，理解编程中的指令和复杂序列的意义	指令、序列	计算概念	1
一	小恐龙找妈妈·复杂指令序列	通过"动作指令"，让幼儿帮助小恐龙拿到蛋糕，并回到恐龙妈妈所在的位置	理解动作指令，感知生活中顺序的排列，让小朋友学会向妈妈表达爱	指令、序列	计算概念	1
一	折纸·解决问题	根据美工折纸的步骤，帮助小朋友分解任务，完成折纸活动	了解计算思维中分解问题的步骤，同时加强对"序列""算法执行"概念的理解	序列、坚持	计算概念、计算观念	1
一	小车·循环	通过连续让小车完成相同的事情的优化，学生学习循环的操作，实现小车的连续行驶	能描述循环的含义，并通过操作小车循环指令条完成指定的任务	指令、循环	计算概念	2
一	恐龙·事件	通过小青龙找朋友的游戏，在现实生活中理解事件的发生	能解释事件是什么，能在游戏中处理各种事件	事件	计算概念	2
一	目标错误·调试	活动将会用编程号小车的指令卡来操作对目标错误的调试，通过游戏的方式找出错误，通过解决错误，顺利完成关卡，达到初步学习调试的目的	理解调试的含义，熟悉查找问题、解决问题的过程	指令、调试	计算概念、计算实践	2

64

续表

级别	主题名称	学习内容	学习目标	计算思维目标	计算思维要素	课时
一	江南·方向指令与序列	将线下活动快乐地图的任务迁移到线上完成，学生通过学习平台，操作各种方向指令，完成帮小鱼找荷叶的游戏任务	能描述指令、算法的概念，能区分算法和程序的不同，尝试在学习平台进行简单的编程	指令、序列	计算概念	2
一	松鼠·动作指令	在学习平台操作动作指令，帮助小松鼠找到松果、摘得松果，并种植松树	掌握动作指令的操作方法，能区分移动指令和动作指令的区别	指令	计算概念	2
一	小画家·形状与序列	创建一个程序，学生使用顺序结构连贯的步骤绘制相应的图形	熟悉线段指令的操作方法，掌握使用指令绘制图形的方法，理解序列和程序的关系	指令、序列、顺序	计算概念	2
一	江南·巩固调试	在"江南"情境作品中，检查现存的代码，并查找出错误，通过解决错误，顺利地完成关卡	了解"调试"的概念，预测程序失败的原因，并通过修正程序中错误的代码来解决问题，达到初步学习调试的目的	事件、测试与调试、质疑	计算概念、计算实践、计算观念	2
一	小动画	不设定任何主题，鼓励幼儿发挥想象力，利用所学的各类指令完成一个小动画作用	复习移动指令、动作指令、显示指令等不同指令的操作方法，培养创造力和表达能力	指令、序列、事件、测试与调试、合作、交流、表达	计算概念、计算实践、计算观念	3

三、算法入门：低龄段儿童编程二级课程内容

算法是编程的基石。儿童学习算法是一个循序渐进的过程。在二级课程的设置中，依然非常重视富有童趣的情境设计。如表 2-7 所示，我们延续一级课程中的松鼠、江南、小画家等情境，目的是让学生在熟悉的故事和环境中产生共鸣，既保持学习的兴趣又减少无关因素对学习的干扰。根据二级课程目标的设置，学生需要学习指令、序列、顺序、循环、事件等基础计算概念，同时通过尝试、测试与调试，进行编程实践。在内容编排中，遵循着先易后难的原则，先复习移动指令、序列等已在一级课程中出现过的计算概念，起到温故知新的作用；再按照算法结构的复杂程度，分别设置分支和循环两种不同结构类型的课程内容；最后通过综合性的项目课，让学生在创建并分享他们自己的自定义游戏或故事的过程中，学以致用，将前期所学的计算概念和计算实践加以融会贯通。与此同时，二级课程的内容设计也关注学生计算观念的培养，希望儿童彼此之间开展有效合作，探讨不同的解决问题的技巧，并在面对艰难任务时学会坚持。

例如，"松鼠·序列"一课的学习内容是在一级课程中儿童已经接触过的计算概念——"序列"。但由于一级课程中，儿童使用计算机的时间被严格控制在 15 分钟内，所以对于这一计算概念的学习并不深入。在二级课程中，我们通过松鼠摘得松果并种植松树的故事情境，设置相关学习任务，让学生学习并运用图形编程环境中的"动作指令"，帮助小松鼠找到松果、摘得松果，并回到森林中种植松树。学生在建构序列概念时，会对指令、序列和程序的概念产生对比，理解序列是由若干指令组成的，为完成特定目的而由计算机执行的一系列单独的步骤或者指令。

又如，"小画家·循环"一课的核心计算概念是循环，也是二级课程当中关

于循环结构的第三个主题内容。低龄段儿童需要通过反复多次实践，才能熟练掌握这一计算概念。因此，本课的内容设置是巩固学生对于循环概念的理解，在电脑绘图程序中，使用循环结构，引导学生绘制具有创意的、美丽的图案。通过实践，儿童可以体验到循环结构代替手动重复的便利，也加深理解循环的特点和操作方法，提升自己对图形排列的逻辑思维能力。

表 2-7　低龄段儿童编程二级课程主题及内容

级别	主题名称	学习内容	学习目标	计算思维目标	计算思维要素	课时
二	快乐地图移动	通过快乐地图的游戏，学生认识指令、算法、程序在学习工具中的含义	能解释算法、程序的含义，能区分算法与程序的概念，能说明控制器和执行器的意义	指令、算法	计算概念	2
二	拼图学习拖放	通过鼠标的移动、拖放等操作，在指令要求下完成拼图游戏	巩固指令和移动等概念，熟悉拖放操作，培养团结协作的精神	指令、合作	计算概念、计算观念	1
二	真实的算法折纸	从了解小金鱼的外形特点导入折纸小金鱼，根据折纸作品帮助小朋友将折叠的过程分解；再将打乱的步骤图按照顺序进行排列；最后让小朋友根据步骤图折出自己的小金鱼作品，以此理解计算思维中分解、序列、算法执行的意义	能说明序列的含义，理解计算思维中的分解目标，能将任务分解为小步骤后分步执行	序列、抽象与模块化	计算概念、计算实践	1

续表

级别	主题名称	学习内容	学习目标	计算思维目标	计算思维要素	课时
二	松鼠·序列	学习并运用图形编程环境中的"动作指令"，通过指令序列，帮助小松鼠找到松果，并回到森林中进行种植	理解序列的含义，能尝试使用指令序列解决实际问题	指令、序列	计算概念	1
二	小画家·序列	创建一个程序，使用连续的步骤完成一幅图的绘制；选择数量合适的模块，用不连续的直线绘制图像	能使用连续的步骤完成一幅图的绘制；选择数量合适的模块，用不连续的直线绘制图像	指令、序列	计算概念	1
二	坚持到底	一个结构工程的挑战项目。学生使用牙签和水果软糖，建立并完善立方体，挑战一个抗压实验	理解任务分解的重要性，在面对困难的过程中，表现出勇于克服困难的坚持和恒心	序列、坚持	计算概念、计算观念	2
二	越来越糊涂	通过舞蹈活动中不断重复的动作，帮助学生理解"循环"的概念	理解"循环"的概念，区别顺序结构与循环结构的异同点	循环、模块化	计算概念、计算实践	1
二	江南·条件	以江南为情境背景，通过条件结构，编写鱼妈妈到达荷叶，生鱼宝宝的小程序	理解条件语句模块的作用，能应用分支结构完成任务	序列、条件、测试与调试	计算概念、计算实践	2
二	松鼠·条件	以松鼠主题为应用背景，通过条件语句的编辑，完成摘得松果、种植松树等任务，从而完成任务	认识"条件语句"指令模块，并能运用分支结构解决实际问题	序列、条件、测试与调试	计算概念、计算实践	2

续表

级别	主题名称	学习内容	学习目标	计算思维目标	计算思维要素	课时
二	江南·循环	辨别不同的方向，通过游戏活动建立"循环"概念，并使用循环指令完成指定的任务	能说出循环指令模块的作用，并能应用循环结构完成任务	循环、条件、测试与调试	计算概念、计算实践	2
二	松鼠·循环	在松鼠情境中，利用循环结构提升效率，帮助松鼠摘得更多的松果、种植更多的松树	理解循环指令模块的作用，并能运用循环结构解决实际问题	循环、条件、测试与调试	计算概念、计算实践	2
二	小画家·循环	在电脑绘图程序中，使用循环结构，引导学生绘制具有创意的、美丽的图案	体验循环结构代替手动重复的好处，理解循环的特点和操作方法，提升学生对图形排列的逻辑思维能力	运算、循环、算法、测试与调试	计算概念、计算实践	2
二	大事件	通过事件对应游戏解释"事件驱动"和"顺序驱动"的概念	能解释事件的概念，能区分事件驱动和顺序驱动，能描述事件在程序中的作用	事件、顺序	计算概念、计算实践	1
二	神笔马良·交通工具	在小艺术家平台中，通过绘画和循环指令，绘制圆形，进而完成交通工具的作品	理解像素、角度的概念，能综合应用各种指令以及循环结构，完成指定的任务	指令、循环、测试与调试、表达	计算概念、计算实践、计算观念	2

续表

级别	主题名称	学习内容	学习目标	计算思维目标	计算思维要素	课时
二	我的故事我做主	应用所学的编程技能创建一个动画故事，并通过线上的工具进行实践	通过使用移动指令、语言指令、显示指令、事件去创建一个简单的程序（动画），将已有的知识运用到新技术的学习中	指令、事件、循环、算法、编程、调试、合作、交流、表达	计算概念、计算实践、计算观念	3

四、硬件融合：低龄段儿童编程三级课程内容

编程不仅仅在虚拟的软件世界发挥作用，还可以通过对硬件的编程和赋能，实现物联网和人工智能技术，应用到更广阔的现实世界。与软件编程相比，面向硬件的编程，其体验感更强，更能培养儿童的动手操作能力。如表2-8所示，三级课程即在二级课程的基础上，巩固算法和编程的入门知识，并引入3D打印、物联网和机器人等相关智能硬件，通过可视化编程工具，驱动智能硬件进行工作。学生除了在操作过程中，巩固二级课程的计算思维概念外，还可以通过与智能硬件的互动，理解软件与硬件的关系，理解重用与改编、抽象和模块化等计算实践的重要功能，体验到计算机尤其是编程在改善人类生活上的便利和喜悦。此外，团队合作在三级课程中尤为重要。学生需要发挥乐于合作、善于交流的能力，才能更有利于其掌握硬件的各种编程原理和方法。

例如，我们所设计的"拼图·物联网编程的作用"的主题课程。虽然该主题中并没有直接面对物联网硬件进行编程操作，却是后续这些物联网硬件课程

的启蒙课。儿童在该课中将了解物联网的概念,通过视觉感觉不同物联网硬件的样式和特点。他们根据图示及器件列表,将器件照片拉入图示处,拼出丰富的表情、我的复读机、电子尺、会说话的空气等几个应用范例,以此巩固器件的识别,了解器件标识与其硬件对应关系,理解物联网编程平台的使用。

又如"我的复读机"主题,通过"我的复读机"元器件的编程操作,儿童需要熟悉并理解录音模块、喇叭模块的工作原理,并且了解输入、输出和存储等信息技术概念,最后掌握"我的复读机"的控制程序编写方法。在学习过程中,儿童将能对指令、序列的计算概念有更深的理解,同时也学习了顺序执行和循环结构在硬件控制领域中的应用,其自主创新能力得到相应提升。

表2-8 低龄段儿童编程三级课程主题及内容

级别	主题名称	学习内容	学习目标	计算思维目标	计算思维要素	课时
三	网络安全	互联网是强大的,但有时候也是一个危险的地方;本节课将了解学习创建一个有效的用户名可以填写的安全信息有哪些,确保学生们能有一个安全洁净的网络环境	能辨认适合学生浏览的网站特征;能并做到不在互联网上提供任何私人信息,保护自己的隐私	交流、表达	计算观念	1
三	认识物联网	通过实践与操作,让学生认识部分电子元器件,了解器件之间的各种连接线及连接方法并对元器件的基本原理有初步认识	让学生初步了解计算机系统的组成,认识超声波传感器、LED显示屏、录音模块等一系列物联网传感器,并掌握各器件之间的连接方法	仿真、表达	计算概念、计算观念	1

续表

级别	主题名称	学习内容	学习目标	计算思维目标	计算思维要素	课时
三	拼图·物联网编程的作用	根据图示及器件列表,将器件照片拉入图示处,拼出丰富的表情、我的复读机、电子尺、会说话的空气等几个应用范例,巩固器件的识别,了解物联网编程的作用	了解器件标识与其硬件对应关系;理解物联网编程平台的使用	仿真、算法、表达	计算概念、计算观念	1
三	"爱探险的朵拉"	创设爱探险的朵拉的故事情境,通过任务的解决过程分析,帮助学生理解工程模式分析问题的方法	理解工程模式解决问题的基本方法,了解波利亚四步问题求解法,包括理解问题—制订问题解决计划—执行和完善计划—回顾检查解决过程	算法、抽象与模块化、表达	计算概念、计算实践、计算观念	1
三	丰富的表情	根据真实的生活情境,使用"丰富的表情"智能物联网套件,进行LED表情显示	识别LED模块并理解其作用,学习编写"丰富的表情"的控制程序,巩固编程中控制与执行的概念	算法、并行、仿真、抽象与模块化、重用和改编、表达	计算概念、计算实践、计算观念	2
三	我的复读机	了解"我的复读机"的各元器件的作用及功能,并在物联网编程平台上学会编写控制"复读机"的程序,模拟运行结果	理解编程中顺序执行和循环执行在硬件控制领域的应用,培养学生自主和创新学习的能力,以及团结协作精神	顺序、循环、数据、仿真、尝试与迭代、合作、交流	计算概念、计算实践、计算观念	2

续表

级别	主题名称	学习内容	学习目标	计算思维目标	计算思维要素	课时
三	电子尺	学生模拟控制超声波传感器测距，并通过改变测量距离及循环判断，触发LED屏显示距离或触发语音合成器件播放距离，体验条件语句在硬件控制领域的应用	识别并了解超声波传感器、语音合成器件的作用、结构及工作原理；通过模拟测量理解条件语句在硬件控制领域的应用；掌握"电子尺"相关控制程序的编写	仿真、数据、测试与调试、质疑、坚持、表达	计算概念、计算实践、计算观念	2
三	人工智能体验	了解人工智能主要应用场景，让学生采用人工智能系统，通过照片辨识人物性别、年龄；将手写的图片文字变成可编辑的文本文字；将语音变成可编辑的文本文字；将文本文字用计算机读出来，以培养学生利用人工智能系统解决问题的思维能力	理解人工智能的概念以及主要应用领域，在处理问题时，能够考虑采用人工智能技术协助解决；体验图像识别和文字识别技术	仿真、测试与调试、重用和改编、合作、交流、表达	计算概念、计算实践、计算观念	1
三	人工智能台灯	使用语音识别模块控制台灯的点亮和关闭。语音识别模块可以识别出"小畅同学""打开"和"关闭"，每次通过说"小畅同学"唤醒语音识别模块，然后当说"打开"的时候，台灯点亮，当说"关闭"的时候，台灯关闭	识别并了解语音识别和光敏传感器的作用、结构及工作原理；熟悉语音识别和光敏传感器常见的应用领域；编程实现"人工智能台灯"项目功能	事件、仿真、算法、测试与调试、合作、交流、表达	计算概念、计算实践、计算观念	3

续表

级别	主题名称	学习内容	学习目标	计算思维目标	计算思维要素	课时
三	倒车雷达	通过超声波传感器探测车尾与后方障碍物的距离,当距离接近一定数值时发出警告"注意后方障碍物";当距离进一步接近时蜂鸣器报警。当车撞到后墙时循环播放"注意、发生事故"	识别并了解蜂鸣器、碰撞传感器的作用、结构及工作原理;熟悉蜂鸣器、碰撞传感器常见的应用领域;编程实现"倒车雷达"项目功能	事件、仿真、算法、测试与调试、合作、交流、表达	计算概念、计算实践、计算观念	4
三	智能种植大棚	智能种植大棚可以实现对温度和光照的智能化控制,使用温湿度传感器检测温度,使用光敏传感器检测光照强度,使用LED显示屏显示当前温度值和光照强度。使用超声波模块检测入侵的野生动物,并通过蜂鸣器发出警报	识别并了解温湿度传感器、USB模块的作用、结构及工作原理;熟悉温湿度传感器常见的应用领域;编程实现"智能种植大棚"项目功能	事件、仿真、算法、测试与调试、合作、交流、表达	计算概念、计算实践、计算观念	4
三	智慧大门	掌握"智慧大门"的硬件拼搭,通过物联网编程平台在线编写"智慧大门"控制程序并将其灌入硬件中执行,将普通大门智慧化	熟练掌握"智慧大门"的各元器件的作用及功能,掌握"智慧大门"硬件的拼搭;理解仿真和自动化的过程,掌握测试和调试的一般过程	指令、事件、循环、算法、测试与调试、抽象和模块化、疑、表达	计算概念、计算实践、计算观念	3

五、进阶提升：低龄段儿童编程四级课程内容

四级课程是前三级课程的进阶提升。如表 2-9 所示，这种进阶主要体现在四个方面：首先，从内容上看，函数、直到循环、当型循环、计数循环、嵌套循环等知识是前期课程的升级版，学习的难度有了显著提升；其次，四级课程强调了变量、数据和数据结构，对于学生抽象思维的要求更高；再次，四级课程注重知识的迁移，从循环到循环分类、循环嵌套，前期内容的学习质量对后期内容的掌握将直接产生影响；最后，四级课程关注综合项目的实践，我们设计了"星际探险"和"简易迷宫"两个综合项目，儿童需要综合所学的知识和技能，在分析问题、设计方案、解决问题的过程中，体现出计算思维的综合发展水平。

例如，"农场·当循环"主题主要学习"当型循环"结构。在前期学习中，儿童已经接触到了循环结构的特点和使用方法，但对于循环的分类并没有明确。本课中，儿童将对此概念进行细化，学生将使用当型循环，控制农夫完成移除土和填充洞的所有任务。对于当型循环的理解有助于儿童深化循环的概念，解决实际问题中未知循环次数的问题。

又如，"星际探险"是一个综合应用的项目。儿童将在 AI 图形化编程平台上完成项目作品程序的设计。学生首先通过案例程序的演示效果进行需求分析，然后逐一完成各功能的程序设计，最后将对已完成的内容进行优化，添加上自己新的或个性化的想法。在整个项目进行中，儿童需要理解二维坐标的作用，使用不同的循环类型和条件语句，以及随机数指令等多种知识，在任务驱动下，完成设计各种功能。综合项目集中体现着儿童的编程水平和计算思维发展水平。

表 2-9　低龄段儿童编程四级课程主题及内容

级别	主题名称	学习内容	学习目标	计算思维目标	计算思维要素	课时
四	跳·事件	使用"事件"的概念，学生将创建自己的游戏，如"当球通过目标，你得分"等	能将积木命令与相应的事件处理程序匹配，并使用事件处理程序创建基于输入事件的游戏；能自我创造游戏并与其他同学分享	事件、抽象与模块化、重用和改编、合作、交流、表达	计算概念、计算实践、计算观念	1
四	小画家·几何图形	在小画家的情境中，学生编程的循环、模式识别与数学知识相融合，编写程序来绘制不同形状	尝试使用循环结构来解决实际问题，能综合运用指令和循环结构来绘制不同的形状	指令、循环、测试与调试、表达	计算概念、计算实践、计算观念	2
四	西游·重复直到	通过编写直到型循环结构的程序，让孙悟空通过迷宫拯救唐僧完成任务	能识别直到型循环，掌握直到型循环编程的方法，理解问题的分解，将目标路径分解成若干个小指令完成任务	顺序、循环、测试与调试	计算概念、计算实践	1
四	农场·当循环	使用当型循环，控制农夫完成移除土和填充洞的所有任务	让学生区分有停止条件的循环和当循环；让学生使用"当循环"创建程序，解决未知循环次数的问题	循环、数据、算法、测试与调试、合作、表达	计算概念、计算实践、计算观念	1
四	松鼠·计数循环	通过松鼠故事主题来锻炼学生对计数循环的具体运用能力；授课中首先	能说明计数循环的特点。应用计算循环的设计方法解决具体的问题	循环、测试与调试	计算概念、计算实践	1

续表

级别	主题名称	学习内容	学习目标	计算思维目标	计算思维要素	课时
			通过"数星星"来引入技术循环的概念，然后通过完成一个个松鼠采松果关卡来不断加深对计数循环的理解与运用			
四	松鼠·嵌套循环	使用松鼠环境编写嵌套循环程序以帮助松鼠完成较为复杂任务	理解并运用嵌套循环和条件的组合，以便使用 if 或 else 逻辑来分析多个值情况；通过自我的学习，体验成功的快乐，增强学习的热情	循环、条件、并行、重用和改编、容忍、坚持	计算概念、计算实践、计算观念	1
四	函数化的吊饰	通过编程的方式，利用函数以及不同的程序结构，绘制具有创意的吊饰设计作品	了解函数的概念与特征；理解变量的概念，并能在编程中灵活使用不同的变量；培养学生发散性思考和创造能力	变量、数据、循环、分支、尝试与迭代、合作、交流	计算概念、计算实践、计算观念	1
四	松鼠·函数	在松鼠情境中，通过调用和修改函数，帮助小松鼠边吃松果、边种松树	能解释函数的概念，能通过调用、修改函数来完成指定任务，能独立创建一个函数	函数、重用和改编、测试与调试	计算概念、计算实践	1
四	小画家·变量	通过控制变量的值，改变绘制图形的形状，实现小画家绘制多变图形的任务	理解变量与函数的关系，能通过改变变量的值绘制不同形状的图形	变量、函数、重用和改编	计算概念、计算实践	1

续表

级别	主题名称	学习内容	学习目标	计算思维目标	计算思维要素	课时
四	游戏实验室·变量	通过游戏制作来锻炼学生对变量的具体运用能力；授课中首先通过一个游戏案例来展示变量的运用；然后带领学生完成后续游戏制作关卡任务	能描述变量的含义，理解变量的应用领域，学习控制变量的值来完成作品的功能	变量、函数、重用和改编、测试与调试	计算概念、计算实践	1
四	小画家·无参函数	通过小画家系列任务来进一步锻炼学生对函数的具体运用能力；授课过程中学生将在老师的辅导下完成一个个的小画家项目	理解函数的概念，强化无参数函数在编程中的使用方法，并在编程中使用函数完成艺术图案	函数、重用和改编、测试与调试	计算概念、计算实践	2
四	松鼠·有参数的函数	通过实验对比无参函数与有参函数的区别，根据参数值调用不同的结果，完成松鼠种树的不同任务	能区分无参函数与有参数的函数，能利用参数的变化实现不同的任务结果	函数、重用和改编、测试与调试	计算概念、计算实践	1
四	数据结构·列表创建基础	引入列表的概念，并通过任务关卡的讲解与完成，学生将掌握如何新建一个列表、如何对列表中的项目进行手动添加与删除、以及实现列表中各项目依次读取等知识	能解释列表的基本概念，尝试列表的创建，能进行列表的手动添加与删除，能通过编程读取列表中的项目	数据、重用和改编、测试与调试	计算概念、计算实践	4

续表

级别	主题名称	学习内容	学习目标	计算思维目标	计算思维要素	课时
四	星际探险	在AI图形化编程平台上完成星际探险项目作品程序的设计。通过案例程序的演示效果进行需求分析，然后逐一完成各功能的程序设计，最后将对已完成的内容进行优化，添加上自己新的想法	能综合运用多种指令和算法结构，能将问题分解为若干子任务来分步实现算法功能，能在同伴互助中分享和交流观点，在活动中表现出勇于克服困难、坚持不懈的精神	指令、顺序、循环、分支、函数、测试与调试、抽象与模块化、合作、交流、坚持、表达	计算概念、计算实践、计算观念	4
四	简易迷宫	通过项目分析、编程实现和调试、作品交流与展示三个环节，完成一个完整的"简易迷宫"的项目设计，让学生尝试把所学的编程知识灵活应用于现实问题的解决之中	能综合应用计算思维概念，设计迷宫项目的整体框架，实现简易迷宫游戏的整体代码编程，能在学习过程中，针对问题提出质疑，提升问题解决的能力，体现交流和表达的愿望	循环、分支、变量、函数、算法、测试与调试、抽象与模块化、合作、交流、质疑、表达	计算概念、计算实践、计算观念	3

六、低龄段儿童编程从一级到四级课程内容的递进

（一）从线下走向线上

幼儿园大班学生和小学低年级学生处于不同的认知发展阶段。处于前运算

阶段的幼儿园儿童的思维具有自我中心性，往往站在自己经验的中心，只有参照他自己才能理解事物，认识不到自己的思维过程，缺乏一般性。这时候的课程内容比较适合各类线下的体验活动或者游戏活动，在现实生活中模拟指令执行，帮助孩子理解计算概念。

目前一级课程绝大部分都由"不插电"活动构成。例如，"'兜兜编程号'启航"设计了符合幼儿游戏操作且富有童趣的教具——"兜兜编程号"小车，用35个指令卡和拼图让幼儿在自主探究中边玩边学编程游戏。又如"小恐龙找妈妈·复杂指令序列"一课，通过小车学习"动作指令"，让幼儿帮助小恐龙拿到蛋糕，并回到恐龙妈妈所在的位置。该课的游戏设计让学生体验和理解指令的内涵，并初步了解方位的含义，培养学生的空间方位感。"数字排序·有趣的算法"也是相似的情况，利用"兜兜编程号"小车和指令卡，学生在完成任务的同时，理解指令与算法之间的关系。像这些案例，都没有使用电子屏幕进行教学，但是有趣的教具和体验式的游戏活动，能让学生用一种方式去体会计算概念的意义，提升思维能力。

到了小学阶段，学生的思维出现了初步的可逆性，能凭借具体事物或形象进行分类和理解逻辑关系，说明其逻辑思维有了初步发展。这时候的学习工具，可以由线下转为线上，通过基于计算机的虚拟环境，在具体的编程环境中进行学习。但是，这个阶段的思维仍脱离不了具体事物或形象的支持，因此模块化和图形化的编程环境，更适合这个阶段的孩子进行学习。

为了让学生适应这种变化，从一级课程的末尾和二级课程的开始，我们设置了过渡课。比如二级课程的第一课时"快乐地图·移动"，通过线下的关于"指令""移动"的教学活动，加深学生对于前期计算概念的理解；然后第二课时"拼图·学习拖放"，将线下课程积累的经验转移到线上，利用鼠标和图像化编程工具，让学生从体会到掌握"移动""拖放"等任务，在最近发展区完成知识的迁移。

（二）从技术学习走向运用创编

编程课程与一般的课程不同，它的知识传授不仅仅只存在于教师与学生之间面对面的交流，还包括学生使用编程工具中的知识习得。因此，学生在运用学习工具解决问题的过程中，必须要克服技术"鸿沟"，熟悉和掌握工具的特点和操作方法，然后才能得心应手地回到情境中面对不同的问题。尤其对于低龄段儿童而言，由于心理发展的规律，逻辑思维和认知能力都比较有限，设置相应课程进行技术学习是非常有必要的。

因而从课程内容的总体来看，其设计原则应符合从技术学习走向运用创编的特点，即先通过相对简单的情境主题，在完成任务中学习计算概念和计算实践，同时熟悉编程工具，进行技术学习；再通过较为复杂和综合的情境主题，发挥学生的协作精神和创造力，综合应用工具进行创编活动，完成作品设计。

我们在每一级课程内容的设计中，都采取先从技术学习课进入，在每一级课程的最后安排综合项目课的方式。比如，二级课程（小学一年级）中，开始的课时内容主要有"拼图·学习拖放""松鼠·序列""江南·条件""松鼠·循环""大事件"等，学习的计算思维要素分别是：移动指令、序列、条件、循环和事件；相关的技术学习分别是编程工具界面的熟悉、对象的拖放、指令的操作、程序的调试——基本上都针对某一情境，完成某几个简单的操作，让学生在编程的过程中熟悉和学习工具的使用。在儿童编程二级课程的最后一个课时，设计以"我的故事我做主"为主题的项目型综合课，让学生通过使用移动指令、语言指令、显示指令以及事件去创建一个简单的程序（动画），将已有的知识运用到新技术学习。如此，多种计算思维要素，在一个项目中产生交集。在项目驱动中，学生为解决这样的问题，完成具有创意的作品设计，促进了知识与技能的理解和掌握。很显然，这符合一般人学习知识的规律，贴近教学实践。

（三）逐级递增式难度分布

课程内容的学习难度体现了由容易走向困难，由简单走向复杂，逐级递增式的内容编排。这种递增体现在多个层面。

首先，内容模块的难度递增。从设计的角度，我们将课程分成四个级别，分别是：体验启航、算法入门、硬件融合和进阶提升。其中幼儿园的课程又分成不插电的"启航"子模块和初识编程的"体验"子模块。总体上这些模块的难度是逐级递增的。先通过线下活动，从生活情境入手，让学生体会和理解算法的实质；然后通过简单的编程实践，从线下的知识迁移到线上，体验编程的过程；到一级课程系统地学习软件编程的基础知识和操作，再到硬件编程的融合和巩固，最后通过进阶课程，实现综合应用的目标。模块之间难度逐步提升，符合学生心理和认知能力发展的规律。

其次，级别的课程难度递增。在每个级别内的课程内容，也是呈现由易到难的特点。以儿童编程四级课程为例，先通过事件和指令序列让学生复习旧知，到多种循环结构的系统学习，到复杂的嵌套循环结构，到函数、变量、无参有参函数、数据列表，内容难度和复杂程度逐渐提升，最后通过两个综合实践的项目，让学生能熟练使用所学的计算概念和程序结构，完成创意设计，提升问题解决的能力。

最后，学习任务的逐级递增。根据学习难度的变化，在每个主题的学习任务设计也体现出难度逐级提升的特点。特别是，在几个关联情境的任务中，梯度难度变化特别明显。我们以"小画家"情境为例进行横向对比。在儿童编程一级课程中，学生体验绘制线段指令的作用，学习任务设计为：跟着灰色凹槽，绘制图形。

第1关：先看要求我们在什么位置画一个正方形？选择正确的线段指令，填充至灰色的线段凹槽 ▢ ，绘制完整的图形。（可调整运行指令的速度）点击运行，完成本关任务。

到儿童编程二级课程中，学生学习了循环结构，任务的难度有了明显的提升。比如图2-1所示的关卡案例，需要使用2个循环，每个循环内重复的次数是3次。

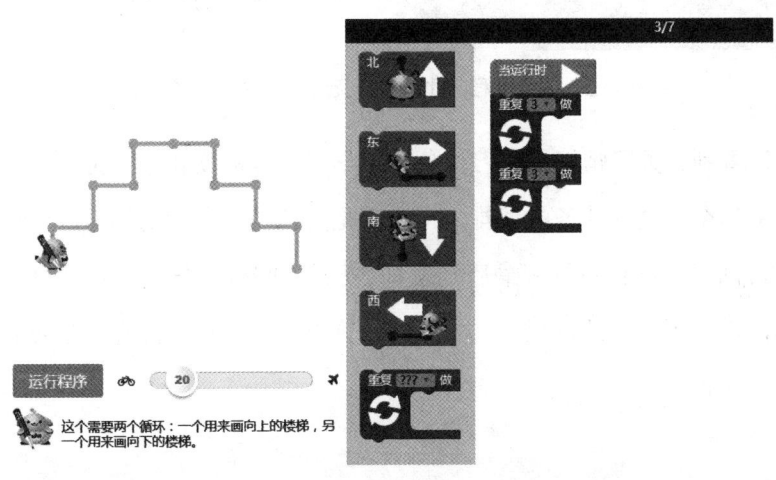

图 2-1 二级课程"小画家"循环结构示例

儿童编程二级课程的图形绘制任务，除了要求能了解指令和循环的作用外，还要懂得图形分割的能力和思想。在学习的过程中，我们建议学生能发挥团队的作用，通过合作和交流共同完成学习任务。

到了儿童编程四级课程，小画家的任务需要根据函数来绘制图形，难度又有了新的提升。最后完成的关卡答案类似于图2-2所示结构：

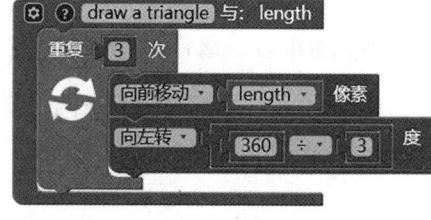

图 2-2 四级课程"小画家"无参函数练习答案示例

可以看到,关联情境的学习任务随着学习内容的变化,在每一个阶段都会变得更为复杂。这些任务的编排,一般都是先从模仿教师的操作,到完成简单任务,再到复杂结构设计,最后到发挥自己的创造力去进行简单的项目设计。在这样由模仿到创造的过程中,儿童的计算思维能力得到提升,学习品质和素养也得到发展。

第三章　教学篇

教学设计被视作是一个系统工程。与其他学科的教学设计有所不同，指向计算思维培养的教学设计聚焦计算思维框架、强调问题解决过程并体现出项目驱动的特点。基于运用计算思维解决问题的步骤，项目组尝试构建"指向计算思维培养的教学设计模型"，依次分为课前分析与准备、情境创设、问题确定、方案探究、编程实践、评价优化这六个前后衔接的环节，并制订出统一的"指向计算思维培养的低龄段儿童编程教学设计模板"。基于培养计算思维的总目标，教学过程的"横向维度"中包括教学环节、教学内容、教师活动、学生活动、资源及工具、计算思维培养点六个部分，并建议采用情境教学、问题教学、探究学习和合作学习等教学策略。在本章的最后一节，我们呈现出两个典型的教学设计案例，并做出细致分析。

第一节　教学设计

一、指向计算思维培养的教学设计特点

教学设计难以"有一个适用于整个设计过程的普遍性方法，教学设计的方法根据设计的内容、对象而有所不同"。① 指向计算思维的教学设计应具有一般教学设计的环节和特征，符合教学设计的一般规律，能使用常规的教学设计方

---

① 李森，陈晓端. 课程与教学论 [M]. 北京：北京师范大学出版社，2015：109.

法来进行构思和实施。但由于课程教学的总目标关注培养儿童的计算思维，因而对于他们的抽象思维、创造性思维和问题解决能力等均提出较高的要求。从总体上看，指向计算思维培养的教学设计具有以下特点：

（一）聚焦计算思维框架

如前所述，计算思维的三维目标框架与传统教学设计中的三维目标具有较高的一致性，这有助于教学目标的撰写，更加聚焦于如何培养儿童的计算思维。具体而言，同知识与技能维度相对应的是计算思维三维框架中的计算概念，在这部分的教学设计要关注指令、序列、顺序、循环、分支、事件、数据、仿真等计算概念的习得，关注儿童对于这些计算概念的掌握程度；在过程与方法维度，需要关注儿童在项目进行当中的数据收集、分析、表达等过程，以及测试与调试、抽象与模块化等步骤，通过这些计算实践的过程，儿童需要掌握一些核心的方法；在情感态度价值观维度，除了一般教学设计关注的问题外，还要培养儿童自信、坚持、质疑、交流、表达等计算观念，鼓励他们将这些观念运用到其他解决问题的过程中。这三个方面相辅相成，形成立体的计算思维发展目标体系。需要注意的是，在教授儿童编程，培养其计算思维即问题解决能力的过程中，也是在培养儿童"从多个角度看问题的能力"，帮助其建立"强大的逻辑思维能力"，如过滤式思维、创造式思维、逆向式思维、试探式思维、渐进式思维等。[①]

（二）强调问题解决过程

常规教学设计主要围绕着知识的传授进行，因此教学内容一般涵盖导入、内容讲解、练习巩固、课堂小结等环节。指向计算思维的教学设计更关注思维

---

① 索尼国际教育公司. 神奇的逻辑思维游戏书[M]. 姜丽萍，蒋奇武，译. 北京：北京日报出版社，2018：2.

的培养、素养的形成，因此在教学的过程中，要从关注教师的"教"转向学生的"学"，要从知识的掌握转向问题的解决。在教学设计的过程中，要培养学生发现问题、分解问题、抽象理解、形成算法、解决问题的能力，并且要在评估成果的过程中进行修正和迭代。由此可见，指向计算思维的教学设计要体现问题解决的整个过程，从开始设计的时候，就要考虑教学可能呈现的结果，并由此考虑评价方法和手段，进而设计整个教学的步骤和框架。这种教学设计更具有指向性、目标性和过程性，通过情境的引入，学生在体验问题解决过程中深入思考、实践创新，从而促使其在计算概念、计算实践和计算观念三个维度都得到充分发展。

（三）体现项目驱动特点

计算思维的培养一般需要依托具体项目的设计与实施，因此其教学设计既有常规教学任务驱动的特点，也有项目化学习的项目驱动特点。一般而言，指向计算思维培养的教学设计不仅仅是单一某个知识点的教学传授，还应该秉承问题解决过程的需求，通过一个完整的项目设计来进行。因此，指向计算思维培养的教学更类似于单元设计，它需要保持整体设计的一贯性，在驱动性问题的解决过程中，不断提升儿童的思维能力。

此外，一个项目的解决往往包含了若干个不同的任务。儿童编程过程中，需要教师利用可视化编程工具开展故事情境渲染、动画制作、小游戏开发等任务，并教会儿童运用编程工具完成相似的任务，这与传统的概念性知识讲解的教学有明显不同。为了保持儿童的学习兴趣，教师主要利用情境教学和任务驱动的教学法，即提供相关的素材和故事情境，让儿童尝试分解、抽象、概括问题，自行设计解决问题的方案，形成具体的算法和程序，进而解决实际问题。这些任务是项目的一部分，都指向最后完成的作品，具有显著的整体性和一致性。

二、指向计算思维培养的教学设计模型

计算思维强调问题解决的过程，并不拘泥于某个知识点的讲解，或者某个操作的掌握，也不是简单地学习命令模块或者编程，而是根据计算思维三维框架理念，围绕着某一个问题的解决，进行情景化、项目化的教学设计。

如图 3-1 所示，基于谷歌计算思维模式的四个环节，我们根据实际授课的需求，增加了"评估反馈"环节，使运用计算思维解决问题的过程呈现分解问题、模式识别、模式归纳、算法开发、评估反馈五个步骤。

图 3-1　运用计算思维解决问题的五个步骤

与谷歌计算思维模式相比，以上的计算思维解决问题的五个步骤有两个特点：第一，增加评估环节，具体是指教师对儿童完成的设计、作品、作业等进行综合评估，判断解决方案的有效性和便利性。第二，形成反馈机制，在评估后鼓励儿童重新审视方案可修改、可迭代性，促进知识的迁移，构建计算思维问题解决的闭环。教师对解决方案的评估反馈，能够有效地引发儿童对于问题的再思考以及对解决方案的反思。

基于运用计算思维解决问题的五个步骤，我们尝试构建指向儿童计算思维培养的教学设计模型。如图 3-2 所示，该模型将教学分为六个过程：课前分析与准备、情境创设、问题确定、方案探究、编程实践、评价优化。与此同时，评价并不是模式的终点，而是在反思与修正的过程中，需要重新审视问题解决的达成与确定性，从而回溯到问题的起源进行再次的问题分解和辨析，也因此会产生一个迭代的过程，促进教学过程的完整性。

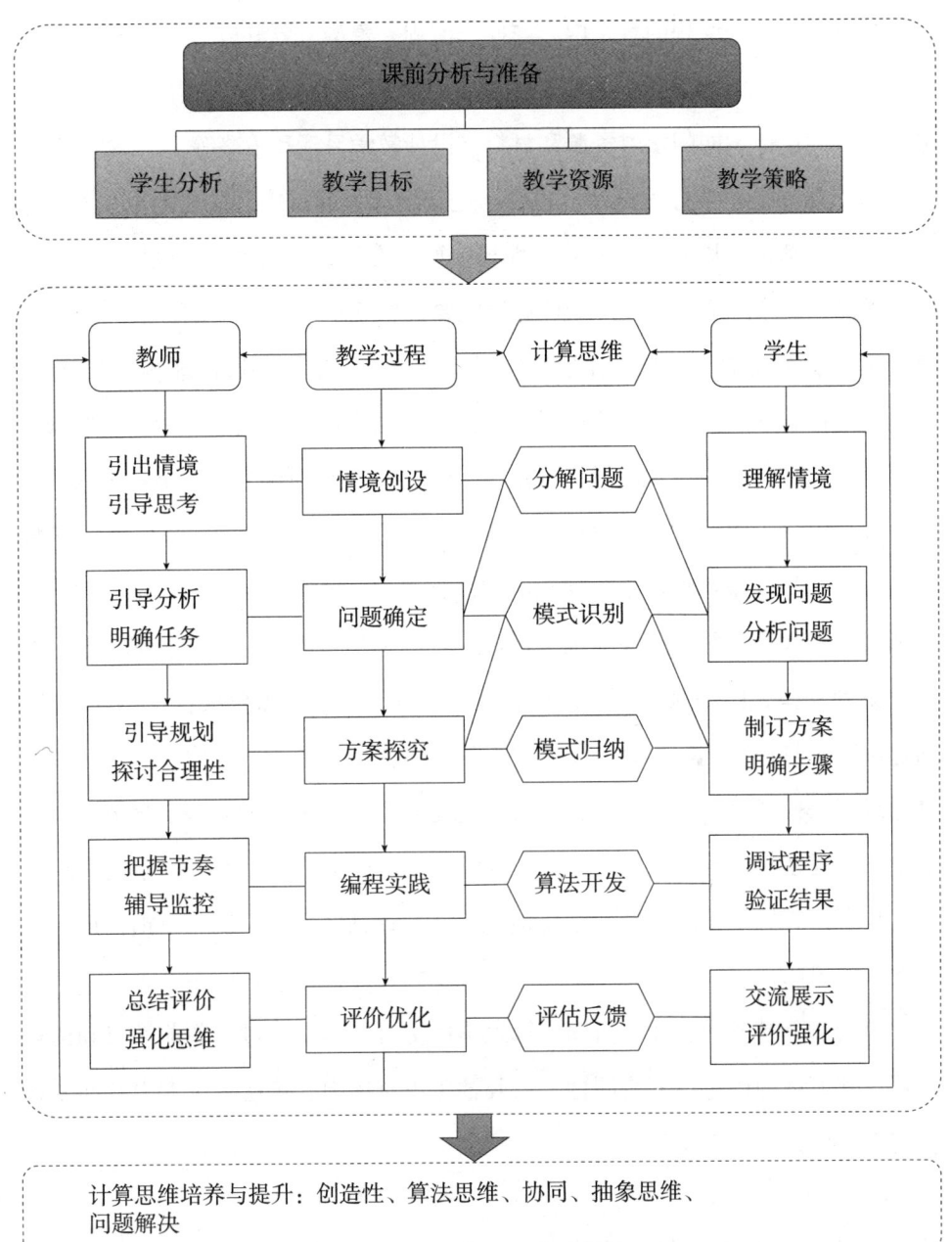

图 3-2 指向计算思维培养的教学设计模型

根据儿童编程课程的教学内容与操作流程，模型主要分成三个部分：

第一部分是课前分析与诊断，主要包括课前学生实际学习情况、根据问题来源的不同设计不同的学习资源和材料、设计教学目标和策略等。

第二部分是教学过程设计，主要阐述教学过程的组成，描述师生在教学过程中的主要活动，以及教学核心过程与计算思维元素的关系。在该模型中，教学过程的每一个环节都与相关的计算思维要素相关联，有的侧重使用一个元素，有的则与多个元素相关联。在情境创设环节中，学生需要通过理解情境背景，用自己的语言解释问题，体现的是计算思维方法中的分解问题元素；问题确定环节，学生在情境中发现问题，并进行分析，将问题分解为一个个较小的、便于管理的问题，体现了计算思维中的分解问题和模式识别两个元素；在方案探究环节中，学生需要将每个小问题的解决方案设计成有序的执行步骤，列出需要的操作和程序，并通过描述细节形成一定的模块，体现了计算思维方法中的模式识别和模式归纳两个元素；在编程实践环节，学生需要根据预设的方案，通过编程工具进行算法设计，将解决方法编写为可以使用的程序，这体现了计算思维方法中的算法开发元素；评价优化是教学环节中的最后一个环节，学生需要调试程序并判断解决方案与问题的相关性，通过展示与交流形成评估意见，这体现了计算思维方法中的评估反馈元素。在评估之后是反思与反馈，形成编程教学的闭环。

第三部分是教学成效，指向计算思维的提升，学生通过不断地学习和编程实践，其思维的创造性、协同性，以及抽象思维能力、算法思维能力和问题解决能力等得到相应的提升。

（一）课前准备：奠定教学基础

在进行教学过程的设计之前，要进行学情分析以了解儿童的学习基础，进而设计教学目标和教学资源，明确这些课前准备对于教学设计的优劣是否充分

具有决定性作用。一般情况下,课前准备主要包括以下部分:

1. 教学目标分析

指向计算思维培养的教学设计,比较适合确定学习的预期结果,再明确预期结果达到的证据,最后设计教学活动以发现证据的方式,这种方式和逆向教学设计的思路是一致的。教学目标的设计基于儿童编程课程大纲进行。在第二篇中,已经梳理了计算思维目标框架、课程总目标和分级目标,教师在设计时要把握好课程目标与教学目标的关系、教学目标和教学评价的关系、教学目标和教学内容的关系,并且分析教学对象——低龄段儿童,在学习过程中的学习状态和认知发展,然后确定计算概念、计算实践和计算观念目标的具体目标内容和能力达成度。简而言之,教师需要首先考虑教学内容预期会产生什么样的成果与成效,再根据计算思维三维目标进行斟酌,确定教学目标。

2. 学习者分析

教学的本质是学,教要转化为学。教学就是在教师的支持下,激起、强化、优化学生自主学习的过程。① 而学习的核心主体是学生,因此在教学设计的起步阶段,首先要了解学习者即儿童的心理特征和学习状态。对于低龄段儿童编程课程的教学设计而言,教学对象是低龄段儿童,其心智具有不成熟的特点。在教学设计之时,必须要首先考虑低龄段儿童已有的知识储备、认知能力水平的发展现状、学习动机水平等,便于后期教学内容和教学过程设计的合理性。

3. 教学资源设计

教学资源并不是简单指教材本身,它主要包括教学材料、教学环境及教学支持系统。从逻辑上说,教学资源包括教学的基础资源,即教材本身或教学指南;还包括拓展资源,例如教学 PPT、视频、音频材料,也包括教师为了让学

---

① 郭思乐. 以生为本的教学观: 教皈依学 [J]. 课程. 教材. 教法, 2005(12): 11.

生更好地理解教学内容设计的微课资源等。从本质上说，能为学习者学习服务的教学组成元素都可以称之为教学资源。在儿童编程课程中，教学资源的设计要从学习对象入手，考虑这个年龄段儿童心智发展特点、喜好特点，再根据教学情境选取有趣、富有活力和与生活情境相关的素材，进行结构化的组织设计。

在教学资源设计中，另一个需要考虑的因素是课堂生成资源。由于低龄段儿童的可塑性，每堂课中都可能会产生不一样的问题，或者预设外的情况。这些额外的情境也可以归属于教学资源的范畴。教师在教学设计的时候，需要对这些情境有一个良好的预判。

4. 教学策略设计

教学策略是教师在教学过程中，为达到一定教学目标而采取的一系列相对系统的行为。[1] 一节课由于教学目标、情境、内容、任务、过程不同，采用的教学设计也不同。比如，在方案制订时，需要小组学生共同参与讨论，所以需要合作交流的策略；在情境导入时，教师需要将故事和授课背景通过各种资源和媒体进行呈现，需要知识呈现的策略；在评价过程中，需要与学生互动，所以需要对话策略和各种评价策略等。教师需要对教学过程有一个深度理解，思考低龄段儿童在学习过程中的真正需求以及教学环节的特点，综合考虑后，运用合适的教学策略提升学生的计算思维。

（二）情境创设：引导理解思考

思维教学理论指出，熟悉问题的第一步是真实情境的呈现和情境问题迁移。[2] 教学过程的第一步一般都是从教学情境设计开始的。对于低龄段儿童来

---

[1] 邵瑞珍. 教育心理学 [M]. 上海：上海教育出版社，1997：80.

[2] Sternberg R J, Swerling L S. 思维教学——培养聪明的学习者 [M]. 赵海燕，译. 北京：中国轻工业出版社，2011：77-90.

说，好的教学情境大致有三个特征：一是富有情趣。有趣的故事能吸引学生的注意力，引发学生的关注和兴趣，这是显然的。特别对于低龄段儿童，容易受情绪影响，有趣的故事往往能激发他们学习的主观能动性，从而更好地进入课堂学习。二是源于生活。取材于儿童周边环境的故事，能触发学生的共鸣，让学生感同身受，便于他们在熟悉的情景中发现问题、提出问题。三是易于理解。由于低龄段儿童认知能力有限，在选择情境时要考虑不能过于深奥，要关注到儿童的最近发展区。

在情境引入的过程中，教师要注意到知识呈现的策略和对话策略。前者指使用适当的方式，将知识之间的关联表示出来，便于学习者识别和理解；后者指在其他媒体展示的基础上，教师通过言语与学生对话，促进学生理解和思考情境中蕴藏的问题，并尝试使用自己的语言解释问题，从而完成从情境到问题的迁移。

例如低龄段儿童编程一级课程"'兜兜编程号'启航"的教学设计，其引入环节如下：

案例 3-1　"'兜兜编程号'启航"引入环节

师：今天老师给小朋友们带来很多很多的汽车，我们一起来看一下啊！

师：喜欢汽车的小朋友举手给老师看一下，这些呢，都是一些玩具小汽车，有没有小朋友告诉老师，这些小汽车在生活中是做什么的？

生：……

师：刚才小朋友们说了这些玩具小汽车能够在生活中帮助我们做什么。下面老师还给你们带来一部小车，它能够在课堂上帮助我们来学习编程知识，这个小车的名字叫作"兜兜编程号"小车，我们一起来认识一下新朋友"兜兜编程号"吧！

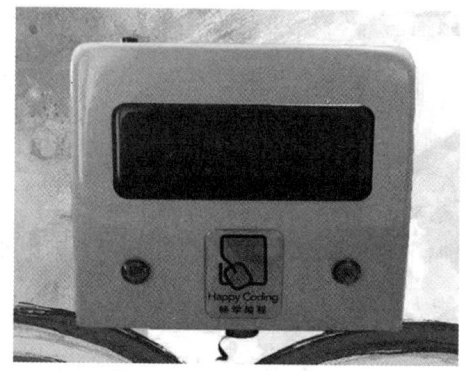

图 3-3 "兜兜编程号"小车

教师先从生活中的小车引入话题，并且通过玩具小车触发学生对于小车概念的认知。由于是低龄段儿童经常接触的、也是非常喜欢的玩具，很快引起学生的关注与兴趣。再从玩具小车迁移到编程小车，在异同点观察中，课堂完成了情境导入的过程。

（三）问题确定：分析概括问题

在充分理解教学情境之后，进入问题确定阶段。由于教学内容不同、学生年龄不同、认知能力不同，因此对于问题的理解程度乃至问题的解决方案都是不同的。对于低年龄段的幼儿，很难自己提出问题，教师需要进行问题预设，并引导儿童进行问题的分析和理解，尝试在教师的帮助下分解问题，将完成的作品或者被解决的问题分解为一个个的小问题、小步骤；也可以通过小组讨论的方法，让组员明确问题的实质，帮助每一位学习者理解具体的问题和可能需要的操作。对于稍高年龄段的儿童，可以尝试让他们自己去探索问题。通过小组协作和教师引导，儿童将一个复杂的问题或系统分解成若干个较小的、便于理解和管理的小问题。教师在儿童分析和概括问题的过程中要适时地进行引导和激励，进而确定每一个小问题的可行性和适当性，以便与下一个阶段的解决方案进行对接。

例如，低龄段儿童编程四级课程"星际探险"游戏动画设计主题中，教师先展示了整体的任务与情境，通过观看如图 3-4 的星际探险动画来引发儿童思考，由此产生问题：我们该怎么用编程来实现相似的动画？

图 3-4　星际探险动画

为帮助儿童分析概括问题，教师设计如下问题链：

> **案例 3-2**　"星际探险"问题链
>
> ·在这个动画作品中，你能用简短的话说一说这个游戏的规则是什么吗？——玩家操控飞船进行左右移动，移动的过程中要躲避石头；如果飞船碰到石头，那么游戏停止运行。
>
> ·我们知道计算机在展现动画内容时只能一个场景、一个场景进行展示，所以我们需要把动画分解成一个一个的场景。你们认为需要几个场景？分别是哪几个场景？——我们尝试将这段动画分解为具体的 3 个场景：
>
> 　A. 飞船移动；B. 石头移动；C. 星云更迭
>
> ·我们还可以使用"泳道图"来帮我们更加清晰明了地分析场景。——儿童可以根据老师的讲解，以贴纸或者画线的方式巩固"泳道图"。

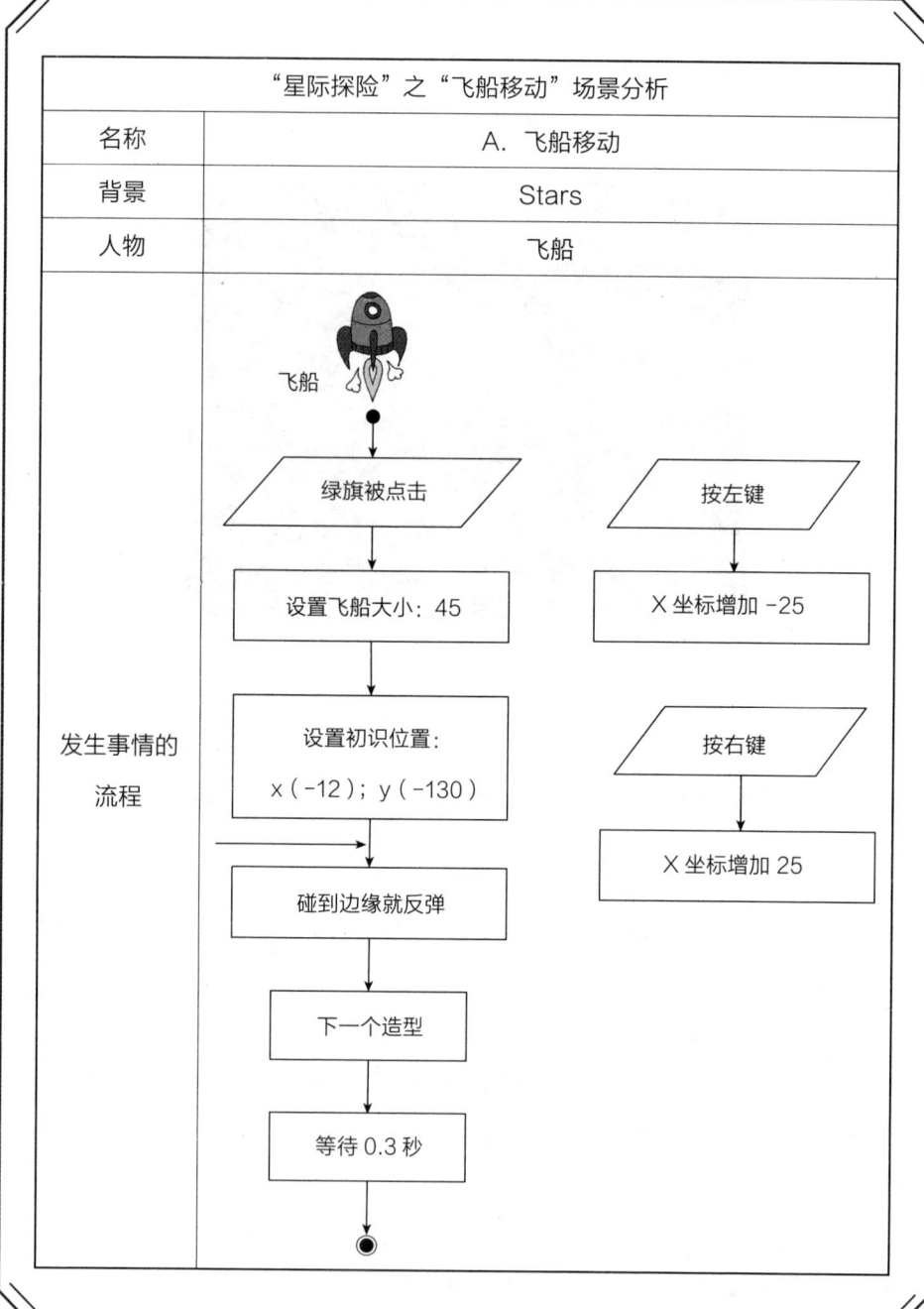

在以上的"星际探险"教学案例中，教师呈现问题之后，通过问题链将大问题分解为若干层层递进的小问题。特别是，在分析概括问题的过程中，教师提供"泳道图"这样的辅助手段，让学生明确问题的本质，寻找解决问题的方案。

（四）方案探究：明确方案步骤

在问题解决的步骤中，方案规划和解决问题是密切相关的两个步骤，在这个过程中，要经历模式识别和模式归纳两个步骤，也可以说是概括和抽象的过程。课程学习的前期，儿童已经完成了从复杂问题到简单问题、从大问题到小问题的分解过程，这里要根据目标的设定，制订和规划问题的解决方案，也就是具体的解决步骤。我们需要将每个小问题的解决方案整合成大问题的解决方案，或是从解决方案中提炼出解决问题的一般方案，即概括的过程。简单来说，概括是寻找某一类问题的共性，得到一般的解决方案，并开发类似问题的解决方案[1]。与此同时，还需要将教学情境中的复杂现实问题转化为模块化的、可量化的编程问题。我们也称之为抽象，即运用普遍化的解决方案简化复杂事物开发的过程[2]。

这个过程可以由学生讨论、探究后形成，低年龄儿童也可以在教师的帮助下进行明确的步骤拆分。简而言之，本环节的目的就是运用概括进行整合提炼；再通过抽象和模块化，将复杂问题简化为一个个较小的、可操作、可搭建的编程模块。这些模块与可视化编程相对应，方便学生去理解和探索。

例如，在低龄段儿童编程三级课程"智慧大门"中，学生需要掌握"智慧

---

[1] 刘楚一. 促进计算思维发展的教学设计 [D]. 上海：华东师范大学，2019：44.
[2] 赵蔚，李士平，姜强，郎咸蒙. 培养计算思维，发展STEM教育——2016美国《K—12计算机科学框架》解读及启示 [J]. 中国电化教育，2017(5)：47-53.

大门"的硬件拼搭，通过物联网编程平台在线编写"智慧大门"控制程序并将其灌入硬件中执行，将普通大门智慧化。在设计过程中，学生需要经历从分解问题到制订解决方案的过程。

案例 3-3 "智慧大门"教学方案探究

·分解问题：结合已经学习的知识，组建"智慧大门"的系统，将问题分解成：

A. 录制"欢迎光临"的语音；

B. 用超声波传感器监测固定的范围；

C. 检测到有人进入监测的范围播放录制的声音；

D. 检测到有人进入监测的范围让 LED 显示屏展示笑脸；

E. 由于声音播放有时长，所以每播放一次需要等待 5 秒；

F. 搭建"智慧大门"系统来完成。

·制订解决方案：搭建什么硬件系统，通过怎样的程序控制它完成任务。搭建能显示笑脸、播放录音、监测范围内来人的硬件系统，通过循环执行的软件系统控制它完成迎宾。

1. 硬件系统：选择合适的元器件。

（1）硬件选择：

运算及控制：核心板；

存储：录音模块；

输入：因为要录制一段欢迎词，所以选录音模块。因为要监测范围内来人情况，所以选超声波传感器；

输出：因为需要图像输出，所以选 LED 屏；需要声音输出，所以还需要小喇叭。

（2）搭建方法：使用 3.5 毫米音频线连接录音模块和小喇叭模块；使用数据

线连接核心板上的 P8 接口和超声波传感器上的接口；使用核心板上的 Type-C 接口来连接核心板和录音模块；使用数据线连接核心板上的 P0 接口和 LED 显示屏上的接口。

2. 软件系统：控制硬件系统运行的逻辑程序；程序梳理：控制硬件系统完成上一步骤中每个分解的小任务。

（1）录制"欢迎光临"的语音：通过硬件连接电源录制。

（2）用超声波传感器监测固定的范围：通过获取障碍物距离指令及比较指令监测具体的范围。

（3）检测到有人进入监测范围播放录制的声音：通过条件语句指令、播放录音指令、等待时间指令播放声音。

（4）检测到有人进入监测范围让 LED 显示屏展示笑脸：通过 LED 显示指令显示笑脸。

（5）由于声音录制有时长，所以每播放一次需要等待 5 秒：通过等待指令给录音充足的时间播放。

3. 将控制程序传进硬件系统，重启系统执行控制程序。

我们可以发现，在分析问题的过程中，学生将"智慧大门"这一主要问题分解为 6 个子问题。然后，通过抽象和模块化，分别在硬件系统和软件系统形成具体的实施方案。这一步骤注重让儿童锻炼自己的抽象和概括能力。

（五）编程实践：设计调试程序

儿童根据解决方案进行作品的设计，这是一个由复杂问题抽象为模型、由解决方案到具体编程实践的过程。计算机编程"就是将人的思想、思维过程转换成计算机要执行的动作"，这一过程的实现需要编程语言的帮助。① 这个过程通常由两个部分组成：

其一，编程创作，使用某一种编程语言进行程序设计。由于计算机语言和人类语言有较大的差异，学习者需要学习具体的计算机语言语法规则，掌握序列、循环、条件等结构技巧后，才能进入实施阶段。对于低龄段儿童来说，图形化、模块化的语言更容易理解和掌握。通过不断的尝试和探索，以及同伴互助等方式，学习者按照预设的方案，对应不同的模块，完成软件和硬件的编程过程，这是学生创造力的体现。

其二，测试和调试作品。学生在编程工具中运行完成的作品，同时观察是否达到预期，是否能够解决问题。这个阶段能够考察学生对于问题的预测能力和修改问题的能力。学生需要先确保程序可以运行，然后再发现和修正错误。学生作品的形成也可以不是一蹴而就的，先开发一点点，然后不断试验，再开发更多部分的内容；或者在前人已经完成的部分作品上，添加新的代码，创建更新的、更大的、更有意义的作品。

许多课程内容中都会涉及算法设计和程序编写的过程。例如图3-5中，"简易迷宫"即需要儿童自己完成部分程序图。

（六）评价优化：交流反思强化

泰勒认为，"教育评价本质上是一种测定教育目标在课程和教学方案中究竟被实现多少的过程"。② 完整的教学设计离不开教学评价，但对于指向计算思维培养的教学评价而言，不是教学设计的终点，而是优化和改良教学循环的开始。

---

① 吉姆·克里斯蒂安.写给所有人的编程思维[M].于应机，李阳欢，林佳，译.北京：北京日报出版社，2019：5.

② 拉尔夫·泰勒.课程与教学的基本原理[M].施良方，译.北京：人民教育出版社，1994：119.

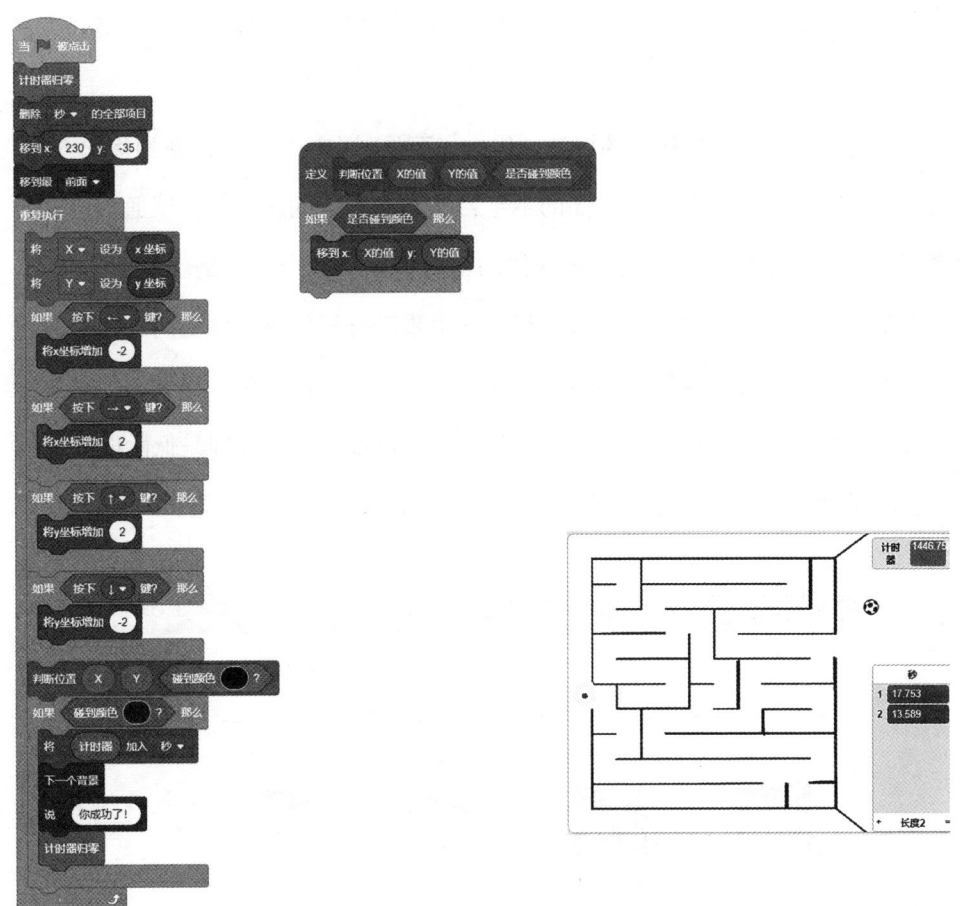

图3-5 四级课程"简易迷宫"程序代码示例

通常情况下,评价和优化是两个过程。首先,根据教学内容和预期成果的不同,评价的方式也应该是不同的。在大多数情况,多维度的评价能更客观地评估学生的实际情况。常见的评价方式包括:过程性评价、总结性评价、量表评价等。在常态教学中,过程性评价和总结性评价都是比较适宜的。前者通过观察表、学习任务等方式观察儿童在学习过程中的收获,反馈其思维发展的状况;后者可以通过学生作品成果的展示和交流,反应问题解决的程度或者作品完成的质量、创新度等情况。对于评价手段,也可以是多样的。比如生生互评、师生评价、小组评价、学生访谈等，都可以通过评价主体的多元化，得到更真实的信息。

评价并不只是评判作品的好坏、优劣，而是引发反思，形成新的优化方案，帮助学生发现自己程序或者作品的不足，总结遇到的问题，并尝试通过自己或者同伴互助形成反馈、优化或者迭代的解决方案。这个方案是新问题的起点，在教学设计中形成回路，教师可以帮助学生重新分解问题、概括问题，探索模块化的算法再次解决问题。学生就是在不断地反思、修正中，探索如何通过程序设计解决问题，进而提升计算思维的水平。例如，图 3-6 即是低龄段儿童编程三级课程"拼图·物联网编程的作用"学习任务单中的一个关卡。

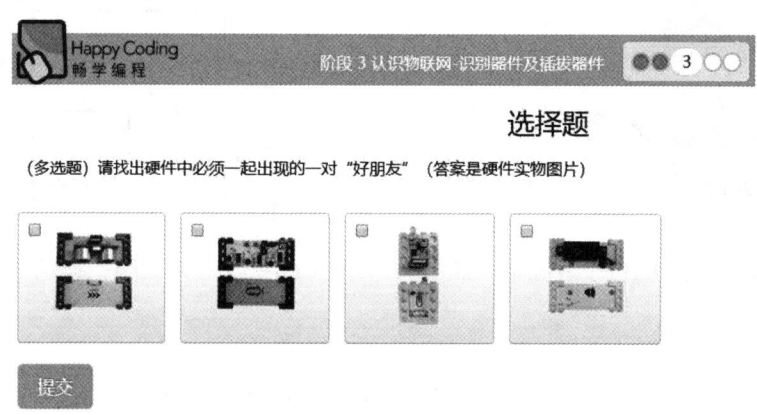

图 3-6　《拼图·物联网编程》学习任务单中的关卡之一

三、指向计算思维培养的教学设计模板

（一）教学设计流程

教学设计是课程开发的微观延续和深入，也是课程开发与课程实施的中间过程，是教学实践过程的前提性环节，所以教学设计质量的好坏直接影响到教

学过程的展开及效果。[①] 从课程设计到教学设计，需要进行一系列流程，主要包括：研读课程目标—研读内容框架—梳理对应关系—撰写教学设计。

1. 研读课程目标

教学目标源自于课程目标，是课程目标在某一个课时教学中的具体化。在撰写教学设计之前，一般需要了解以下几个问题：本课程的总目标是什么？有哪些分级？分级目标分别是什么？本教学内容涉及哪个级别的目标？然后聚焦这个目标定位，根据三维目标的要求，进行教学目标的细化。

2. 研读内容框架

每一课的具体教学内容，要基于对整个课程内容框架的充分了解，主要包括：分析课程模块结构、分析不同级别内容差异与不同、分析各模块内容的构成等。在逻辑上梳理课程内容，明确教学设计的侧重点，这样选取教学内容的重点和难点才不会出现偏差。

3. 梳理对应关系

需要梳理目标和内容之间的关系，明确本节内容与前后模块内容的关系，以及教学内容在课程内容结构中的位置，将教学内容的逻辑进行一一对应梳理。

4. 撰写教学设计

根据对比梳理撰写教学设计。教学设计包括教学内容分析、学习者分析、教学目标分析、教学评价设计、教学资源设计、教学策略应用、教学过程设计等。

（二）教学设计模板

为了更好地达成计算思维培育目标，匹配运用计算思维进行问题解决的过程，我们根据"指向计算思维培养的教学设计模型"，设计出"指向计算思维培养的低龄段儿童编程教学设计模板"（表 3-1）。

[①] 李森，陈晓端. 课程与教学论 [M]. 北京：北京师范大学出版社，2015：109.

表 3-1 指向计算思维培养的低龄段儿童编程教学设计模板

课程名称			
基础信息			
学校名称			
教师姓名		手机号码	
教师学科背景		日常执教科目	
课前分析与准备			
授课内容 （包括在编程课程中的位置，重点说明计算思维培养点）			
面向学龄段		课时数	
学习者分析 （从培育目标出发，对学生年龄特征、知识能力水平以及对课程内容本身的分析）			
教学目标	计算概念		
	计算实践		
	计算观念		
预期成果			
教学评价			
教学策略			

教学过程（可加行）					
环节	内容	教师活动	学生活动	资源及工具	计算思维能力培养点
情境创设					
问题确定					
方案探究					
编程实践					
评价优化					
反思与改进（标准、方式、内容、策略）					

我们将指向计算思维培养的低龄段儿童编程教学设计模板设计为四大部分，分别为：基础信息、课前准备与分析、教学过程、反思与改进。

1. 基础信息

基础信息主要指教案作者的基本信息，包括：学校名称、教师姓名、手机号码、教师学科背景、日常执教科目。

2. 课前分析与准备

课前分析与准备，指进入教学过程之前的教学分析与课前准备。主要包括：授课内容（包括在编程课程中的位置，重点说明计算思维培养点）、面向学龄段、课时数、学习者分析（从培育目标出发，对学生年龄特征、知识能力水平以及对课程内容本身的分析）、教学目标分析（从计算思维的三维目标角度进行分析）、预期成果、教学评价和教学策略（预期在教学中应用的主要教学策略）。这里有几个问题需要额外进行说明。

首先，废弃"重点难点"。以往我们的教案一般都需要在教学目标分析之后，撰写本课的重点与难点。但是新课程倡导的三维目标，尤其是本研究涉及的计算思维三维框架，已经对原先的教学目标进行了细化，已经让教师阐述通过什么过程与方法，将课程的重点与难点落实在什么程度的问题，很显然比原来的重点与难点更加清楚。这也就意味着没有必要额外再撰写重难点栏目。

其次，增加"预期成果"。这里的预期成果主要指学习之后达到的成效。在儿童编程课程大纲中有两种类型的课，一类是技能型的教学课，另一类是综合型的项目课。对于前者，这里的预期成果可能是学习的结论或效果；对于后者，可能是项目学习后的学生设计的作品，甚至是产品。将预期成果放在课前准备里，是为了明确学习的目标，更好地发挥导向作用。

最后，前置"教学评价"。虽然从教学实施的角度，教学评价一般都处于教学过程的最末端，但是在教学设计的模板中，我们将评价进行了前置。我们建议指向计算思维的教学设计采用"逆向设计（backward design）模式"，即主张在教学设计中首先明确学习目标，然后确定实施学习目标的评价方式，最后规划学习经验和教学。逆向设计在教学设计之初的引入，有助于使教师带着问题思考教学，确保学习目标的实现。[①]

3. 教学过程

教学过程指教学的主要环节，以及不同对象的行为。按照模型设计，我们将教学环节设计为五个部分，分别为：情境创设、问题确定、方案探究、编程实践和评价优化。另一方面，按照对象分析，我们设计了五个内容维度，分别为：内容、教师活动、学生活动、资源及工具、计算思维能力培养点。

4. 反思与改进

反思与改进是经过教学实践后，教师对于课程标准、方式、内容、教学策略等诸多方面的反思，以及改进意见。

第二节　教学目标、过程和策略

一、指向计算思维培养的教学目标

（一）教学三维目标与计算思维三维框架的关系

教学目标是教学设计的"领航灯"，它在引导教学方向，是确定教学评价的工具和手段，对规划教学内容方面起着极其重要的作用。常见的教学目标由三

---

① 威金斯, 麦克泰.理解力培养与课程设计[M].么加利, 译.北京：中国轻工业出版社, 2003：13.

维组成，分别是：知识与技能、过程与方法、情感态度与价值观。这三维的目标不仅明确了教育对象应达到的素养要求，也引导了教学活动有效开展的方向。计算思维也有三个维度，这三个维度分别是：计算概念、计算实践、计算观念。如图3-7所示，国内有学者提出，计算思维的三维框架与我们所熟知的信息技术课程三维目标近似呼应，即计算概念对应知识与技能，计算实践对应过程与方法，计算观念对应情感态度与价值观。①

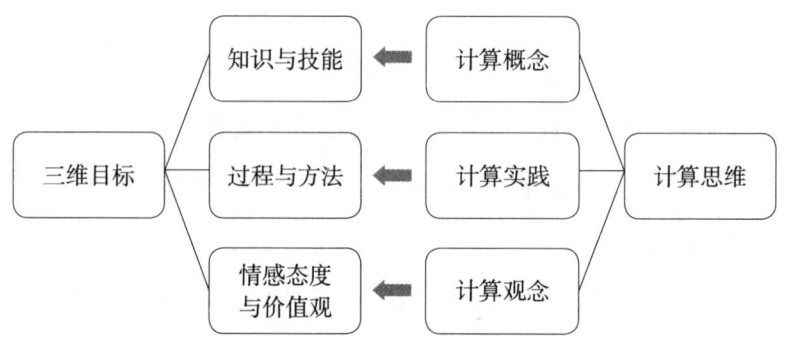

图3-7　教学三维目标和计算思维三维框架对应图

（二）教学目标的撰写

教学目标的不同维度涵盖不同的学习水平。比如，在知识维度，可以分为知道、理解、运用和综合四个学习水平；在技能维度，可以分为模仿、熟悉和掌握三个学习水平。撰写指向计算思维培养的低龄段儿童编程教学目标，我们也建议采用这样的学习水平描述，通过一定的行为动词引领，借以说明该目标需要掌握的水平等级。表3-2所示的是"知识与技能"学习水平描述及行为动词举例。

---

① 王旭卿.面向三维目标的国外中小学计算思维培养与评价研究[J].电化教育研究，2014(7)：48-53.

表 3-2　学习水平界定表[①]

维度	学习水平		水平描述	行为动词举例
知识与技能	知识	知道	能识别和记住学习内容	识别、复述、描述、列举
		理解	能解释学习内容的内涵和外延、意义和主要特征	说明、解释、举例（说明）、区分、比较、推断
		运用	能运用所学的知识，解决简单问题	实现、计算、解决、分析、使用、组织、解析、执行、选择
		综合	能运用所学的知识，解决新情境下的较为复杂的问题	设计、评价、整合、计划、假设、建构、综合应用
	技能	模仿	能参照演示或提示，模仿操作	参照……设计、参照……操作、参照……完成
		熟练	能独立执行所学的技能	独立执行、独立操作、独立完成
		掌握	能根据需要选择技能	使用、制作

（说明："尝试……""经历……"表示学习经历要求，"能……"表示能力要求。）

指向计算思维培养，我们主要依据学习水平描述进行儿童编程教学目标的撰写。如表 3-3 所示的撰写范例一，计算概念主要有指令、算法和条件，其中对于"指令"子目标，使用"描述"这个行为动词，说明对于指令的概念，学生只要掌握到"知道"这个程度就可以了；在"算法"子目标，使用"区分"这个行为动词，说明对于算法的概念，学生不但要"知道"，还要达到"理解"的程度，要与其他相似概念进行区分。

[①] 上海市教育委员会教学研究室. 上海市初中信息科技学科教学基本要求：试验本[M]. 上海：中华地图学社，2017: 109.

表 3-3　低龄段儿童编程教学目标撰写范例（一）

指向计算思维培养的教学目标	计算概念	·指令：描述指令的概念 ·算法：区分"算法"与"程序"的差异 ·条件：复述"控制器"与"执行器"的概念
	计算实践	·测试与调试：尝试使用一系列简单的指令编写一个程序，完成课程活动的任务
	计算观念	·合作：认识与联系其他人的时候，我能够做与众不同的事情，培养团结协作的精神

再如表 3-4 所示的撰写范例二，这是低龄段儿童编程三级课程中的难点课程，因为涉及的计算思维元素也比较复杂。由于三级课程已经涉及硬件编程，所以在计算概念中，学生要学习"仿真"概念，这里使用了"解释"和"使用"这两个行为动词，分别对应"理解"和"运用"的学习水平。

表 3-4　低龄段儿童编程教学目标撰写范例（二）

聚焦计算思维的教学目标	计算概念	·仿真：能解释仿真的概念，理解模型化的意义，并使用模型进行实验
	计算实践	·尝试与迭代：尝试用工程模式，描述解决生活问题的一系列步骤
	计算观念	·自信：建立处理复杂问题的信心 ·表达：学会用自己的语言表达学习的成果
内容描述	培养学生掌握分析问题的基本方法，带领学生学习波利亚四步问题解决法，初步了解工程模式解决问题的优点。波利亚四步问题求解法，包括理解问题—制订问题解决计划—执行和完善计划—回顾检查解决过程	

二、指向计算思维培养的教学过程

教学过程是教学设计的核心。我们将教学过程设计为六个部分：教学环节、教学内容、教师活动、学生活动、资源及工具、计算思维培养点。鉴于之前章节对教学内容计算思维培养点已作分析，后续一章将聚焦资源及工具等保障，这一部分主要聚焦教学环节、教师活动、学生活动三项进行详细分析。

（一）教学环节

根据"指向计算思维培养的教学设计模型"，关注儿童计算思维发展特点，以及计算思维问题解决的一般过程，将教学过程设计为五个核心环节，分别是：情境创设、问题确定、方案探究、编程实践和评价优化。

教师可以按照五个环节的顺序进行教学过程设计，也可以根据不同的课型和不同的项目活动需要进行调整和增加环节。此外，儿童的年龄特征也是教学过程设计的重要因素。低龄段儿童的抽象和概括能力相对较弱，可能很难自己提出问题并设计解决问题的具体方案和步骤，需要教师进行及时指导，或者提供几个方案让学生进行选择。对于非上机编程类的计算思维学习课，有时也可以将问题确定和方案探究进行简化和合并，从情境直接引入方案，完成问题的解决。高年级儿童的思维相对成熟，教师也可以根据需求适当调整。比如，某节课的方案设计是难点，教师也可以在方案探究的过程中加入评价环节，让儿童通过交流和评价重新审视方案的正确性和可行性，然后再次修正方案后，进入编程实践的环节。

如表 3-5 所示，"小画家·无参函数"属于低龄段儿童编程四级课程，学习对象是三年级的学生，相对而言，其认知能力已经有了一定的发展，因此授课的内容已经从基础的编程技能上升到函数的调用。在本课中，教学环节的设计严格按照预设的五个环节进行：

首先是情境创设环节，教师通过"小画家"作品的展示，让儿童对于即将完成的作品有一个认知，了解学习任务，并塑造了担任"小画家"的故事情境；同时通过提问，使儿童回忆旧知识，做好知识的储备工作。

其次是问题确定环节,预设了关卡1帮助学生发现问题所在,分解问题并进行逐步梳理,有效简化关卡的程序。

继而是方案探究环节,儿童在预设关卡2和关卡3的提示下,确定函数模块,将抽象问题化解为具体操作层面的方案和步骤,理解函数调用的方法。

再次是编程实践环节,儿童通过算法设计和编程,比较不同关卡之间的区别,合理利用已知的知识进行程序的测试与调试。

最后的评价优化环节,通过展示性评价和教师评估的方法,对儿童所创作的作品进行评价,并提供机会让儿童围绕作品的优化改进开展交流探讨。

表3-5 "小画家·无参函数"教学环节

环节	内容	教师活动	学生活动	资源及工具	计算思维能力培养点
情境创设	通过PPT课件提问学生"函数"概念:能实现某一特定功能的代码段;提问基本形状知识:正三角形(正方形)的3(4)条边长度相等,3(4)个内角相等是60(90)度	1. 展示小画家作品,提问这些作品的设计方法; 2. 通过PPT课件提问学生对于"函数"的理解:能实现某一特定功能的代码段,让你能很方便地重复使用它;提问学生正三角形和正方形的边长和角度特点	学生举手回答老师提出的问题	PPT课件	计算概念:函数
问题确定	通过PPT课件和关卡1引导学生去思考如何能更有效地简化程序	让学生完成关卡1,并找到本关卡程序有哪些地方是重复的,引导学生思考如何能更有效地简化本关卡的程序	完成关卡1的任务,找到本关卡程序中重复的部分,并思考如何能更有效地简化本关卡的程序	PPT课件;编程平台关卡	计算概念:函数;计算观念:联系

续表

环节	内容	教师活动	学生活动	资源及工具	计算思维能力培养点
方案探究	通过关卡2讲解函数的作用和调用的方法，通过关卡3讲解函数定义的方法：紫色模块就是函数模块。函数模块上方是这个函数的名称，凹槽内是这个函数能实现的内容，完成这两部分即是函数定义，使用函数名称创编程序即是调用函数	通过PPT内容和本阶段关卡2和关卡3的操作示范，进行内容的讲解和演示，讲解时从认识函数模块入手，到如何进行调用和定义，分层讲授	认真听课并思考，理解函数的作用，掌握函数定义和函数调用的方法	PPT课件；编程平台关卡	计算概念：函数
编程实践	在本阶段的关卡4—7中感受"正方形函数""六边形函数"的不同之处以及不同函数的调用。同时，要注意将一个圆以圆心平均分为三部分，转向的角度为120度	通过其他关卡的大同小异之处引导学生举一反三，合理运用函数的知识点，同时，在课堂中巡视关注学生的完成情况，及时给予帮助和鼓励	学生独立完成本阶段的关卡4-7的不同任务，有疑问可举手提问	PPT课件；编程平台关卡	计算实践：模块化；计算观念：处理问题

续表

环节	内容	教师活动	学生活动	资源及工具	计算思维能力培养点
评价优化	以提问的方式引导学生回顾函数的概念及作用、函数定义和函数调用方法,并评估关卡1-7的完成度	以提问的方式引导学生回顾函数的概念及作用、函数定义和函数调用方法,鼓励并肯定学生的课堂成果	回答有关函数的概念及作用、函数定义和函数调用方法的提问,还可以对函数学习过程中遇到的问题进行交流探讨	编程平台关卡	计算概念:函数;计算观念:交流、表达

由上可见,这一教学过程当中体现着计算思维培育的完整过程,也是儿童发现、分析、解决问题的全过程。这里有三点需要说明:一、"指向计算思维的教学设计模板"是我们建议的模板格式,但不是强制性的,教师可以根据自己的理解进行修改和使用;二、我们建议儿童编程的教学设计能按照五个环节来进行,但不意味着教学过程必须完全按照五环节。由于教学任务和内容不同,有的课程相对简单,有的不需要上机编程(例如线下课程),因此教师可以根据授课内容的不同而进行调整;三、对于项目型的课程,涵盖的面更广,内容更丰富,可能会出现不同任务多个环节的重复,或者额外补充其他教学环节。教师可以根据项目推进的需求进行灵活调用。

(二)教师活动

教师的活动需要根据教学过程进行设计,要考虑计算思维培育的特点和学生发展的现状。教师在课堂当中应发挥主导作用:一方面,不能代替学生思考,要明确课堂是以学生为主体的观念;另一方面,要引导学生去思考、去实践、去创造，必要的时候要进行干预，引领学生更合理地规划学习任务。

具体来说，在情境创设环节，教师需要通过各种呈现手段引出问题情境，分步呈现，引出学习问题，引导学生去思考、理解这些问题；在问题确定环节，要引导学生分析问题，交流讨论问题的内在逻辑，引导学生分解问题，甚至提出自己的问题；在方案探究环节，可以通过各类思维工具，比如思维导图或者概念图，引导学生制订方案，明确方案实施步骤；在编程实践环节，教师需要把握教学节奏，对课堂反馈的问题进行实时干预，启发学生，答疑解惑等；在评价优化环节，组织学生交流展示，并及时进行总结和分析，引导学生进行反思和修正，继续优化自己的作品。

案例3-4是低龄段儿童编程一级课程的第三个主题"废电池莫乱丢"，对象是幼儿园大班的小朋友。由于学生年龄较小，心智还非常不成熟，因此教师采用循循善诱的提问方式进行教学活动。在"不插电"课程中，教师通过出示实物让学生知道废电池是什么，以生活情境引入教学；通过课件，特别是不同垃圾桶的标志，让学生对垃圾分类有清楚的认识。在整个过程中，师生之间主要通过对话的方式进行活动，在应用对话策略时有三个关注点值得注意：一、营造情境使学生轻松对话。特别是对于幼儿园的学生，情境非常重要，能引起他们的兴趣和关注，从而达到对话更为自然和轻松的目的。二、注意适当的鼓励来保持学习的兴趣。幼儿园的孩子容易出现注意力不集中的现象，教师通过及时鼓励强化学生的自信，也能激起更多孩子对于学习的兴趣。三、注意问题的有效性。由于学习对象认知能力有限，因此教师在预设问题时要关注学生的最近发展区，提出的问题要使这个年龄段的孩子有感受、能回答，此外，提出的问题要具有方向性和实效性。

案例 3-4 "废电池莫乱丢"教师活动示例

·了解废电池的危害

（1）出示废电池（实物）

师：小朋友们知道这是什么吗？

师：真棒，老师手里这个是没有电的电池，如果是你，你怎样处理呢？

注意两个点：①废电池是有害物质；②废电池应该分类放到垃圾桶。

师：你知道废电池有哪些危害吗？我们应该怎样处理废电池呢？

我们通过一个小动画来了解一下吧。

（2）出示课件，播放视频

看完视频后提问：废旧电池应该怎么处理？引导幼儿回答出：废电池放到有害垃圾的垃圾桶里面。

（3）出示课题，认识各标识

小朋友们真棒！今天我想请大家当环保卫士，将我们的废电池全部送回家。（点击课件）在送废电池回家之前，我先带环保卫士们认识一下他们的家。（边点击课件，边出示含有标识的圆形泡沫）

图 3-8 有害垃圾桶图标

说明：这就是我们电池的家，它主要是用来装一些有害的垃圾，比如电池。

图 3-9　厨余垃圾桶图标

说明：这是我们装厨余垃圾的垃圾桶，它主要是用来装一些厨房的垃圾，比如剩菜剩饭、蛋糕之类。

环保卫士们，我不小心遗失了两件东西，你们能送他们回家吗？（点击课件）

· 进入阶段 4 关卡 1

请小朋友帮助废旧电池找到正确的垃圾桶。

再如案例 3-5 低龄段儿童编程四级课程"函数化的吊饰"的教学片段，学习对象是三年级的学生，这一主题旨在通过编程的方式，利用函数以及不同的程序结构，绘制具有创意的吊饰设计作品。

案例 3-5　"函数化的吊饰"活动片段

活动主题：绘画吊饰

· 分发画纸并进行介绍

教师首先把吊饰画纸分发给每个学生，然后向学生介绍：方法 1 和方法 2 是吊饰的两种基本组成方法。

方法 1：珠子、珠子、间隔物、珠子、珠子、间隔物，一直往下都是珠子、珠子、间隔物；

方法2：珠子、间隔物、间隔物、珠子、间隔物、间隔物，一直往下都是珠子、间隔物、间隔物。

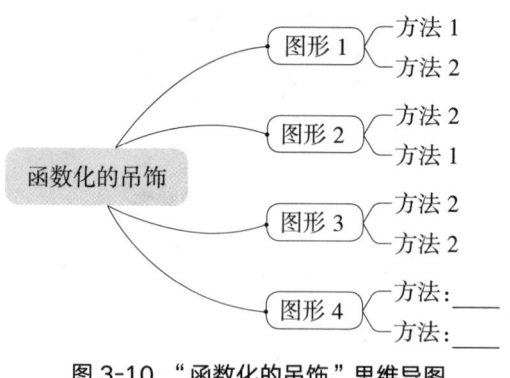

图3-10 "函数化的吊饰"思维导图

· 演示例子：讲解如何使用

教师向学生展示绘画好的吊饰例子，让他们知道今天将要完成这样的一个吊饰绘画作品，并且在过程中了解函数、变量的功能。

教师讲解：要先给每一种方法里的形状都涂上颜色，这里老师已经给两种方法都涂好了颜色，而且珠子和间隔物的颜色是不一样的，最后，老师自由选择上面的两种方法进行组合，在下方空白区域绘制了完整的吊饰，同学们能看出来老师是如何组合的吗？

如图3-10所示，在以上"函数化的吊饰"教学片段中，教师在引导学生思考的同时，还借助思维导图帮助学生梳理不同的方法与形成的图形之间的关系，在实践中探索真知，进而通过自己的动手与实践，利用不同的方法组合绘制新的图形。教师在活动过程中既要照顾该年龄段学生发展的现状，提供足够的"脚手架"，帮助他们理解知识的内涵；又要懂得给课堂"留白"，发挥学生的主观能动性，在实践与探索的过程中培养创新能力。

（三）学生活动

学生是学习的主体，教学设计要以学生的发展为本。致力于培养计算思维的教学设计，要考虑儿童在学习中思维发展的特点，合理组织活动，通过个人探究、小组协作、交流展示等多种形式，提升儿童的思维能力。在情境创设环节，学生进入学习情境，思考情境问题；在问题确定环节，学生分析问题逻辑，尝试分解问题；在方案探究环节，讨论解决方案，分工合作，抓住关键步骤，形成一定的问题解决方案；在编程实践环节，学生调试程序，验证合理性；在评价优化环节，学生进行交流展示、自我评价，在活动中强化思维。

在学生活动设计中，既要考虑学生活动的形式，又要考虑学生的学习方式。根据不同的学习内容，合理利用小组的协作，要考虑如何分组、何时讨论、如何讨论、如何分工、如何合作等问题。对于学习方式，也要根据任务和情境进行选择，我们主张探究式学习，但并不意味着所有的环节都需要进行探究。在计算思维的教学中，必要的基础知识和基本的操作习得，也是学生进行后续编程实践的必要部分。常见的培养儿童计算思维的活动设计应具有以下特点：

1. 探究性

计算思维具有创造力、算法思维、协同、批判性思维、问题解决等主要特征，因此计算思维的培养，离不开学生的探究活动。例如，在教学案例"小画家"中，首先给出使用函数也能画图的情境，让学生尝试了最基本的绘制长方形的例子，引出主题。接着，让学生深入思考，绘制图形的奥秘在哪里？通过探究了解不同的参数以及循环结构在绘图中的作用。如此，学生在问题解决的过程中，借助编程工具进行探索，加深了对计算概念中函数、指令、算法等的理解。探究的过程，是思考的过程，也是培养学生计算思维的过程。

案例3-6来自低龄段儿童编程四级课程"游戏实验室·变量"，这一课通过游戏制作来锻炼学生对变量的具体运用能力。授课中首先通过一个游戏案例来展示变量的运用，然后带领学生完成后续游戏制作关卡任务。课程当中含有大量的编程实验，需要学生在动手操作、不断试验的过程中发现变量对于程序的关键作用。教师在进行学生活动的设计中，要思考学生在学习中的主体地位，尽可能发挥学生自主探究的主动性，培养学生提出问题、分析问题、解决问题的能力。比如，在最后程序优化的步骤，教师直接把问题抛给学生显然是不合适的。三年级的学生已经初步具有逻辑思维能力，因此让他们在体验中自己去发现问题更有助于其计算思维的提升。然后通过小组讨论寻找问题根源，提出解决方案，进而使用编程的方式解决问题。整个过程中，学生的探究能力得到了提升，同时测试与调试、尝试与迭代的计算实践能力也得到了提升。可见，好的活动设计，并不是停留于表面的知识传达，而是激发学生内在驱动力，提升学生能力的过程。

案例 3-6 "游戏实验室·变量"的学生活动设计

· 步骤1：体验游戏规则，理解"变量"概念

（1）试玩"游戏实验室"关卡1的游戏。

（2）根据任务栏的提示来演示游戏的玩法和获胜规则。

（3）理解下述两行代码的含义，并再次试玩游戏。

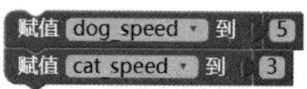

从测试中理解，控制变量能改变小狗的运动速度和小猫的运动速度。

· 步骤2：修改变量数值，通过关卡测试

（1）关卡2游戏测试。

（2）学生来玩关卡2的游戏然后发现玩不赢，从而引入修改变量的值来修改游戏。

(3)探索玩不赢的原因,并提出解决方案。

(4)编程测试解决问题。

参考答案:因为小狗的速度设置得比小猫慢太多。

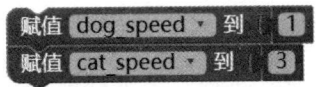

(5)完成关卡。

·步骤3:优化变量设置,迭代游戏代码

(1)学生发现目前的游戏设置非常不公平。

(2)探索不公平的原因,并分组讨论。

参考答案:小猫和小狗的速度设置得差太多了。

(3)提出使游戏公平的优化方案。

参考答案:将小猫的速度 cat_speed 改小点、将小狗的速度 dog_speed 改大点。

(4)完成测试、代码优化与程序迭代。

参考答案:

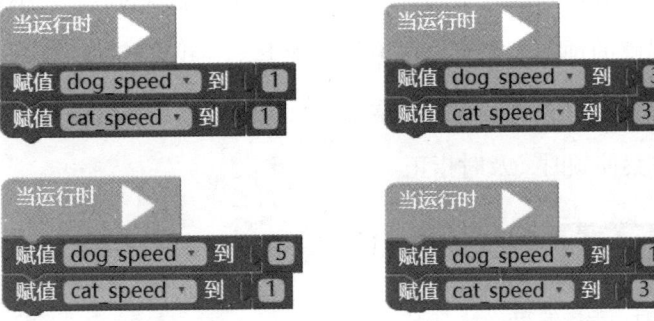

2. 合作性

学生活动的设计要注重协作和交流,鼓励学生通过思维风暴发现问题,通过沟通和交流产生解决问题的方法，提升团队解决问题的能力。比如，"简易迷宫"的教学设计中，学生根据情境理解需要解决的问题，再通过小组讨论确定解决方案，最后通过编程完成作品。在这个过程中，学生之间可以分享自己的想法和意见，并对他人的建议提出疑问，进行沟通交流，在完成任务的同时提升了信息素养和计算思维能力。

案例3-7"人工智能台灯"是低龄段儿童编程三级课程的内容，学习对象是二年级的学生。本课使用语音识别模块控制台灯的点亮和关闭。比如，语音识别模块可以识别出"小畅同学""打开"和"关闭"，每次通过说"小畅同学"唤醒语音识别模块，然后当说"打开"的时候，台灯点亮，当说"关闭"的时候，台灯关闭。由于是项目式学习的内容，本课需要借助学生的团队合作来完成。在培养学生合作意识的过程中，我们首先要关注情境的设计。好的情境能给学生带来深刻的体验感，让学生明白学习活动的意义，以及为什么需要团队来完成；从而激发学习兴趣与团队合作的意愿。其次，要关注团队合作的方法。比如，在小组讨论的过程中，可以借助思维导图发散思维，寻找更多的创意；也可以借助思维激励法，给予每位学生公平发表观点的机会。最后，要注重成果导向。好的创意往往起源于思维的发散，收获于思维的汇聚。小组成员要对预期成果有足够的预判，在充分讨论的基础上，寻找可行的、科学的、能指向成果输出的方案进行实施。教师在学生活动中也应给予充分的指导，在学生迷惘或者产生方案偏颇时，及时指正。

案例3-7 "人工智能台灯"学生活动

第二课时：程序编写

· 步骤1：台灯组装

（1）使用硬件：核心板、USB模块、语音识别模块、光敏传感器、小灯。

（2）小组合作，完成部件组装。

· 步骤2：指令理解

对应指令：

示例：我们要使用语音识别模块，对应的编程指令是什么呢？可以在"执行器"指令里找到。

（1）执行器：

：配合USB模块使用。

：配合语音识别模块使用，可以识别出"打开"和"关闭"。

：打开/关闭。

（2）逻辑：用于"逻辑判断"。

：用于条件语句的执行；

：用于条件判断。

步骤3：作品实现

（1）小组讨论作品实现方案。

（2）选择不同的模块和循环结构，完成作品设计。

教师提示：前面已经讲了，语音识别可以识别出"打开"和"关闭"的语音，对应不同的语音，可以让台灯点亮和关闭。所以这里我们使用条件语句来进行判断，如果识别出打开，就执行点亮，如果识别出关闭，就执行关闭（图3-9）。

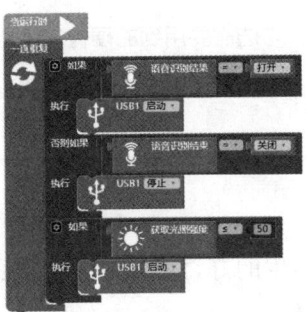

图3-11 "人工智能台灯"编程示意图

案例3-8是低龄段儿童编程三级课程"智能种植大棚",面向二年级学生,其活动设计采用"角色扮演"的方式。通过类似"公司"的运营模式,项目在推进的过程中,产生四种不同的人员角色。学生根据自己的能力与喜好,挑选不同的角色进行扮演,分配不同的学习任务。这种策略既保证了情境的有趣性,让学生感觉是在从事某项事业,从而激起学习的积极性和主动性,又能充分体现分工与合作的关系,让学生在团队中发挥自己的作用,在互动与协作中,完成学习的任务。这是合作、交流的最好体现,有利于每个学生充分参与学习,从而产生充满创意的作品。

案例3-8 "智能种植大棚"学生活动片段

· 任务分组

编号1(项目经理兼测试):(轮值组长)监测并督促所有成员按分工、按计划完成自己工作;检查系统运行结果,确定是否完成任务;若不成功,组织组员分别排查问题,修改后再运行,直到正确。在表格上填写"分工""每个分工完成时间""成功与否"的结论。若课上无法达到正确结果,在表格上填写错误的原因。

编号2(系统分析师):填写总体规划表格(选择相应的答案),做出整体的解决方案。

编号3(硬件工程师):勾选需要用到的硬件并挑选出来拼搭。

编号4(软件工程师):编写程序灌入硬件,并测试是否符合任务要求。

3. 趣味性

学习活动应该能引起学生的好奇心,这是成功的学习活动设计的第一步。因此,情境的设计非常重要,既要有趣,提高学生的学习兴趣,满足低年龄段学生认知能力,又能有助于学生的思维训练。在我们的课程设计中,我们看到了很多有趣的教学内容，这些名称有趣的内容也必须通过有趣的活动得以体现。比如，"松鼠"教学案例中，我们设计了在森林中帮助小松鼠找到更多松果的游戏，非常适合幼儿园的小朋友去体验算法的实现过程，让儿童在快乐中成长，在实践中发展。

趣味性首先体现为情境的有趣性。案例3-9"倒车雷达"属于低龄段儿童编程三级课程，学生通过超声波传感器探测车尾与后方障碍物的距离，运用程序设计完成指定的学习任务。能完成一个真实的倒车雷达，这本来就是一件非常了不起的事情。但是如何通过硬件的组装和程序编码完成任务，这又是一件具有挑战性的任务。课程在兴趣和挑战之间达到平衡，满足学生好奇心的同时，激发勇于探索的精神，进而促进其思维能力的发展。

案例3-9 "倒车雷达"学生活动

· 步骤1：项目理解

（1）说一说自己想象中的倒车雷达是什么样的，应该实现什么样的功能？

（2）讲解一下"倒车雷达"需实现的功能：

a. 当车辆倒车入库，雷达监测车尾到后墙的距离；

b. 当距离接近一定数值时发出警告"注意后方障碍物"；

c. 当距离进一步接近时蜂鸣器报警；

d. 当车撞到后墙时循环播放"注意、发生事故"。

· 步骤2：项目展示

拿出提前准备好的"倒车雷达"作品进行展示并讲解，然后带领大家一起分析所用到的电子元器件。

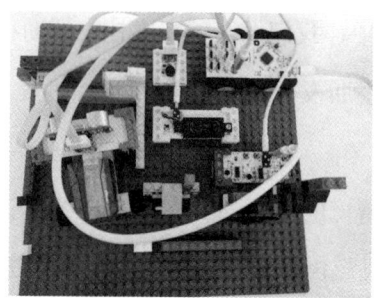

图 3-12 "倒车雷达"

· 步骤 3：元器件探索

通过小组合作，在参阅资料的情况下，完成电子元器件的连接。

（1）核心板：包含 CPU 和引脚扩展板。CPU 用于存储灌入的软件程序，并进行运算处理后，根据结果控制各个器件共同执行程序。引脚扩展板用于连接各个不同的元器件。属于运算器、控制器和存储器。

（2）超声波传感器：由"超声波发送"和"超声波接收"两个部分组成，主要用来测量距离。

（3）录音模块：可以录制三段不同音频。

（4）喇叭：播放声音。

（5）碰撞传感器：结合条件使用，按下返回一个结果 1，不按的时候返回结果 0。

（6）蜂鸣器：一种特殊的喇叭，只可以发出报警一样的鸣叫声。

（7）介绍完毕后，示范连接方法。

注：重点了解碰撞传感器和蜂鸣器。

趣味性也体现在活动内容方面。案例 3-10 "坚持到底"属于低龄段儿童编程二级课程，也是二级课程中少有的"不插电"课程。该课是一个结构工程的挑战项目。学生使用牙签和水果软糖，建立并完善立方体，挑战一个抗压实验。该课的设计，是为了告诉学生，计算思维的培养不仅仅在于计算概念知识或者编程的实践技能，也在于能否克服编程活动中的各种困难，具有坚持到底的决心和毅力。

案例 3-10 "坚持到底"学生活动

活动 1：建立一个立方体

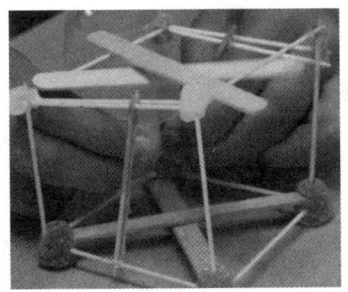

图 3-13　参考图 1

图 3-14　参考图 2

规则：运用牙签和水果软糖，建立一个立方体。

活动 2：建立一个多层立方体

图 3-15　参考图 3

图 3-16　参考图 4

规则：

（1）只使用提供的物品来建一个立方体。

（2）可以是任何形状，但它的高度至少像纸杯一样高。

（3）该立方体必须能够支撑准备好的这本书的重量至少 10 秒。

指南：

（1）将学生分成小组，每组 3-4 人。

（2）解释上面的挑战规则。

（3）每组只能使用规定数量的材料。

（4）让同学们在开始搭建前，先举手说出自己的预想。

（5）多鼓励学生大胆尝试，随时与成员之间交流想法。

（6）测试每一个完成品：它是否比杯子高？是否能够支撑一本书？

（7）如果不能，让学生们进行一个计划，修改、测验，不断尝试，直到完成挑战。

（8）当他们成功时，教师给予学生及时的鼓励，并为成功的模型进行拍照。

以上案例的学生活动设计非常独特，学生需要用牙签和水果软糖来搭建立方体，从而来挑战承重抗压的实验。无论是道具还是内容，都别出心裁。学生在活动中能感受到新奇、挑战与快乐，在小组合作的过程中，互相交流，互相学习，不断修正方案，在培养团队凝聚力的同时得到活动的快乐，这本身就是一件非常有意思和有价值的事情。

三、指向计算思维培养的教学策略

通常意义上，人们将教学策略理解为：教学策略是教师在教学过程中，为达到一定教学目标而采取的一系列相对系统的行为。[1]本课程的学习对象为5岁到9岁的低龄段儿童，所设计的教学内容具有学习难度跨度大、趣味性强、类型多样等特点，因而也建议在不同阶段针对不同的学习内容（包括不同的资源类型、任务特点等），采用不同的教学策略，以期达到丰富教学活动、提升学生学习兴趣、培养计算思维能力的教学目的。围绕着低龄段儿童的心理特征和

---

[1] 邵瑞珍. 教育心理学 [M]. 上海：上海教育出版社，1997：80.

计算思维培育过程特点，项目组建议采用情境教学、问题教学、探究学习和合作学习等教学策略。

（一）情境教学策略

在前文的论述中，我们已经强调了创设情境对于低龄段儿童编程课程的重要性。情境教学就是运用具体生动的场景，以激起学生主动的学习兴趣、提高学习效率的一种教学方法。[①] 低龄段儿童编程课的情境创设通常有多种途径，可以是生活场景的展示，也可以是运用技术手段创设或再现教学内容所展示的真实情境，帮助学生利用日常认知情感唤醒生活中的已有经验，促进联想和想象的产生，激发学习动机，从而促进学生所学知识的有效迁移。

在编程课程中，教师创设的情境一方面要考虑学生的兴趣爱好，另一方面也需要考虑计算思维要素，要注重实践性与体验性，从而引发学生对学习任务的思考，进一步去分析情境，探究新知，并在应用的过程中达到发展思维的目的。

（二）问题教学策略

计算思维的培养离不开问题解决的过程，我们将这个过程分解为：分解问题、模式识别、模式归纳、算法开发、评估反馈五个要素。因此，儿童编程课程的教学也应该是基于问题的教学，即将教学任务或教学情境以问题的形式展现在学生的面前，让学生在探索问题解决方案的过程中进行学习。具体应用步骤如图 3-17 所示：

图 3-17 问题教学策略的实施步骤

---

① 顾明远.教育大辞典[M].上海：上海教育出版社，1999：364.

问题学习以问题的展示作为学习过程的开始,以发展学习者的问题解决能力作为目标。整个过程都是通过问题来驱动的,问题是它的根本所在,有着不可替代的地位和作用。① 在教学过程中,教师需要创设具体的、具有真实情景的问题,这种问题往往不是良构的,但是具有一定的挑战性。围绕着问题的分析、概括、抽象、解决、评估,学生在寻求和探索解决问题的思维活动中,掌握知识、发展智力、培养技能,从而达到培养计算思维和解决问题能力的目的。

再如低龄段儿童编程三级课程"丰富的表情",如表3-6所示,其教学设计的核心是:根据真实的生活情境,使用"丰富的表情"智能物联网套件,进行LED表情显示。在这一课中,始终围绕着如何通过LED模块的编程来实现"表情变化"的问题开展学习。对于教师而言,教师通过硬件展示创设学习情境,并通过讲解、呈现、引导等方式,一步一步指导学生剖析问题,实现编程与硬件功能。对于学生而言,在情境中思考问题,通过理解和任务驱动,尝试分解问题、形成方案,进而通过编写程序、测试与调试,解决实际问题。整个活动的设计就是一个完整的问题解决的过程,体现了学生计算概念、计算实践、计算观念培育的过程,提升其计算思维。

表3-6 "丰富的表情"教学过程设计

环节	内容	教师活动	学生活动	资源及工具	计算思维能力培养点
情境创设	LED显示屏用于显示不同的图像,它是输出设备。核心板用于存储程序,并在进行运算处理后,根据结果控制各个元器件执行程序,还用于连接各个不同的元器件	通过PPT展示以及出示LED显示屏和核心板硬件的方式带领学生复习相关知识	跟随老师一起复习有关于LED显示屏和核心板的相关知识,能够在元器件中快速且准确地找到LED显示屏	PPT课件;物联网硬件	计算观念:表达

---

① 胡小勇.问题化教学设计[D].上海:华东师范大学,2005:19.

续表

环节	内容	教师活动	学生活动	资源及工具	计算思维能力培养点
问题确定	向学生示范作品硬件拼搭方法，展示"丰富的表情"作品效果，并引导学生思考日常生活中存在的类似应用	现场连接"丰富的表情"作品进行展示，使得LED显示屏上出现"开心的表情"，并结合生活情境进行举例，比如美食店的广告招牌灯，引发学生共鸣和思考	学生认真观察"丰富的表情"作品的连接方法及展示效果，发散思维，联系自己在生活中见到的LED显示屏的应用案例	PPT课件；物联网硬件	计算观念：联系
方案探究	通过本阶段平台关卡1学习LED指令的作用及用法：控制LED显示出不同的图像；向学生示范程序灌入的方法	通过关卡1演示LED指令的用法：首先拖拽出指令，然后在脚本区拼搭后并选择要显示的图像内容，接下来运行程序检验是否正确，最后将程序灌入到作品中观察效果	学生认真观察老师的操作过程，并掌握LED指令的作用及用法	编程平台关卡	计算概念：指令
编程实践	使用LED指令完成"丰富的表情"关卡1-6的内容	引导学生举一反三完成关卡1-6的内容，关注学生的完成情况，及时给与指导和鼓励	学生独立完成"丰富的表情"关卡1-6的内容	编程平台关卡	计算实践：算法设计
评价优化	老师再次向学生示范硬件拼搭和程序灌入的方法，并引导学生进行课堂知识点的总结	再次向学生示范硬件拼搭和程序灌入的方法，并引导学生说出本节课所学到的知识	学生认真观察老师的操作过程，并跟随老师说出本节课学到的知识	PPT课件	计算观念：表达

（三）探究学习策略

计算思维的培养离不开探究学习的方式。儿童编程课程的学习内容，需要学生主动参与，发展自身的探索能力，通过动手、动脑、试验等方式，发现编程课程中的各种规律和概念，了解科学方法，在体验编程乐趣的同时提高思维能力。

低龄段儿童虽然逻辑思维能力尚在启蒙阶段，但由于思维定势没有形成，因此也是培养创造力的好时机。当学生学完一级、二级课程后，具有了一定的计算概念知识和编程技能后，通过启发性的情境或者任务，引发学生进行深入思考，探索问题实质，这对于后续科学精神和自主探究的学习习惯养成，都大有裨益。

（四）合作学习策略

合作学习是指学生在小组中从事学习活动，并依据小组的成绩获取奖励和认可的课堂教学技术。[1]相比较学生个体的独立思考，小组合作学习更强调小组团队的作用，通过灵活的编组方式使全部同学沟通互动、互相帮助、主动学习，更有利于培养学生发现解决问题的各项技能和成就感，提高自尊心、学习兴趣、个人责任感和共同责任感。一般而言，常用的合作学习策略主要包括：课堂讨论、思维风暴、角色扮演、竞争、协同和伙伴等方式。在儿童编程课程中，小组的合作往往建立在儿童已有的学习基础上，通过小组讨论协商，完善和深化对主题的意义构建。

---

[1] 王坦. 合作学习：原理与策略 [M]. 北京：学苑出版社，2001: 5-7.

第三节 教学案例

一、"江南·巩固调试"教学案例

（一）教学设计

表 3-7 "江南·巩固调试"案例

课程名称	江南·巩固调试		
基础信息			
学校名称	×××		
教师姓名	×××	手机号码	×××
教师学科背景	×××	日常执教科目	×××
课前分析与准备			
授课内容（包括在编程课程中的位置，重点说明计算思维培养点）	调试是学习程序的一个基本元素。在本节课中，学生们将遇到这样的难题：在解决问题时，出现了错误。所以他们将一步步检查现存的代码，并查找出错误，通过修正程序中错误的程序来解决问题，顺利地完成关卡，达到初步学习调试的目的。		
面向学龄段	幼儿园大班	课时	2
学习者分析（从培育目标出发，对学生年龄特征、知识能力水平以及对课程内容本身的分析）	1. 巩固"东南西北"的方位指令 本节课"调试"过程的学习需要使用到前课知识点，所以在学习新知识前首先需要对前课方位指令的知识技能进行复习。而一年级学生的记忆力呈现"记得快忘得快"的特点，且有的同学胆子小不敢大声说话，表现力不强。所以在课堂的复习过程中，老师以游戏的方式进行知识回顾，例如"我做动作你来说"的方位游戏、"猜猜在哪里"的师生互动等，并且通过奖励学生卡通贴纸的方式，帮助学生在课堂上积极勇敢地回答问题，养成良好的表达习惯。 2. 理解调试概念（本课重点） 幼儿园大班儿童的注意力很难长时间集中起来，但是学习兴趣也很容		

续表

	易被调动，同时他们又具有了一定的观察能力。所以在课堂上介绍调试概念时，老师会以生活化、情景化的场景进行教学，穿插小故事、利用图片展示等教学手段，增加课堂学习的趣味性，使得学生们能在轻松愉悦的环境下完成对调试内容的理解。 3. 学习如何进行调试（本课难点） 生活中出现的错误能够对应程序中的漏洞，改正错误的过程能够对应修补漏洞的过程，在授课过程中老师利用图片、多媒体等教学手段，让学生对顺序错乱的图片进行正确排序，引发学生思考，以此方便学生理解调试步骤。而且基于一年级学生具有一定的比较和有序思考的能力，所以在授课过程中可以牢牢抓住这一点，在引导方式上借助生活化的场景，比如学生检查作业等实际的案例加深学生对调试步骤的掌握。 4. 完成编程关卡的练习 大班儿童依赖性强、课堂常规纪律还不够好，但是具有了一定的交流合作意识。在课堂上采用同伴编程的方法，让学生之间指挥、执行和讨论进行合作编程学习；同时老师制定教学规则，通过奖励纪律好的学生卡通贴画或者进行课堂关卡小竞赛的方式，加强学生遵守课堂纪律的意识。 除此之外，一年级学生还不具备自觉学习的习惯，并且渴望得到外界的认可。在课堂上应：（1）逐步培养学生先认真倾听然后自由探索的自觉学习习惯，如讲解相关计算概念时对学生的计算机加以控屏操作。（2）成为一名鼓励和支持者，及时、有效地对学生作出评价。（3）在整个教学过程中，采用循序渐进、螺旋提升的教学方法，课堂包含复习前课知识技能、传授新知识、师生交互协作式学习、课堂关卡练习、总结和课堂评估等五个环节。	
教学目标	计算概念	调试：理解"调试"的概念。
	计算实践	调试：确保程序可以运行，并发现和修正错误。
	计算观念	交流：鼓励学生之间互相帮助，能够合作交流完成共同的目标，培养团结协作的精神。
预期成果	调试完成江南作品。	
教学评价	该节课教学过程设计完整有序，既体现了知识结构、知识点，又突出了以学生为本、自主合作探究学习的理念，采用了循序渐进、螺旋提升的教学方法，以生活化、情景化为主的教学场景，符合一年级学生学情，能够达到本节教学目标。	

续表

教学策略	情境教学策略，问题教学策略。				
教学过程					
环节	内容	教师活动	学生活动	资源及工具	计算思维能力培养点
情境创设	通过"我做动作你来说"的方位游戏复习曾经在"江南·方向指令与序列"学习过的"东西南北"代表"上下左右"不同方位以及指令的运用。	进行课堂游戏"我做动作你来说"，首先由老师进行示范，做出"上下左右"的动作，学生说出对应的"东西南北"的指令，然后老师引导学生来进行游戏，加强指令概念。	跟随老师一起进行游戏，加深对指令的理解。	PPT课件	计算概念：指令
问题确定	以起床后的"刷牙、洗脸、吃饭、穿袜、穿鞋"一系列动作为例，创编小故事，引入本次课的学习。	从生活情景出发，进行故事讲授，通过展示PPT课件的方式帮助学生理解故事内容，通过提问的方式引发学生思考故事中发生了哪些错误，又应该如何解决。	认真听讲，理解小故事中发生的事情，并能够指出其中的错误，配和老师的教学积极举手发言，帮助故事中的小男生整理好正确的相关步骤。	PPT课件	计算观念：交流
方案探究	讲解"调试"概念及调试步骤：在程序中，也会出现错误，我们将这些错误称之为"漏洞"，而弥补漏洞的工作	老师通过课堂导入的小故事将学生的思考点拉入编程中，将两者联系起来，帮助学生理解何为"漏洞"、何为"调	跟随老师的节奏理解"调试"新知识，能够举出生活中其他需要调试的例子加深理解，同时观察老师	编程平台关卡	计算实践：调试；计算观念：交流

135

续表

方案探究	就叫作"调试"。调试的步骤有：发现漏洞，指出漏洞，纠正漏洞，运行验证。	试"，同时以本阶段的关卡1为例进行演示讲解调试步骤。	如何实现在平台关卡中的调试，进行思考和学习。		
编程实践	学生完成本阶段关卡1-7的练习内容。	引导学生举一反三完成关卡1-7的内容，关注学生的完成情况，及时给与指导和鼓励。	学生通过"调试"以及"调试步骤"的知识点，进行本阶段关卡1-7的程序创编，完成关卡任务。	编程平台关卡	计算概念：调试
评价优化	总结"调试"和"调试步骤"相关知识点，并举例说明。	老师带领学生总结"调试"和"调试步骤"相关知识点，并引导学生以关卡为例说明是如何进行"调试"的。	跟随老师总结"调试"和"调试步骤"相关知识点，举手回答在关卡中是如何一步步"调试"的。	PPT	计算概念：调试

反思与改进（标准、方式、内容、策略）

在总结评估的环节，可先引导学生说一说如果生活中遇到错误了应该怎么办，然后再过渡到程序中遇到漏洞怎么办，即调试步骤。

（二）案例分析

"江南·调试"儿童编程一级课程面向的是幼儿园大班儿童。本课属于线上课程，旨在让儿童于"江南"情境作品中，检查现存的代码，并查找出错误，通过"调试"解决错误，顺利地完成关卡。在教学过程中，儿童需要了解"调试"的概念，预测程序失败的原因，并通过修正程序中错误的代码来解决问题，达到初步学习调试的目的。

出于对幼儿视力的保护，本课通过两个课时完成，每节课的电脑使用时间控制在 15 分钟之内。因此在教学过程中，除了需要通过计算机完成必要的操作外，也需要教师通过额外的设计丰富学生的活动，加深对计算思维的理解。对于低龄段儿童的编程课程，本课的教学设计需要在 3 个地方引起关注：

1. 创设熟悉的故事情境

本课属于"江南系列"课中的一部分，通过学生早已谙熟的江南诗情画意的情境，让学生迅速进入教学问题，引发学习的兴趣。对于低龄段儿童而言，情境是其进行问题探索的第一步。好的情境设计，能避免其情绪受到其他因素干扰，发挥学习的主观能动性。

2. 符合低龄段儿童认知水平

作为一级课程，而且是儿童刚刚接触计算机线上编程的内容，学习难度的控制成为必须要重视的问题。过难的内容，儿童不容易理解；过简单的内容，又不容易引起儿童的学习兴趣。因此，怎样将难度控制在儿童的"最近发展区"，做到"跳一跳就能够到"这是教学设计者必须要解决的问题。在教学设计中，"学习者分析"环节就显得尤为重要。除了分析儿童的心理发展特征外，还需要从培育目标出发，将儿童已有的知识体系和课程内容本身的分析结合起来，做深入的探讨和分析。本课的内容是建立在儿童已经学习指令和序列的计算概念的基础上，因此教师通过 7 个关卡的设置，给儿童的学习提供充分的"脚手架"，帮助儿童理解并进行图形化编程的调试，完成预定的学习任务。

3. 发挥教师的引导作用

虽然，我们常说"学生是学习的主人"，但是对于低龄段儿童而言，由于心理年龄小，学习能力有限，教师的引导作用尤为重要。在案例中我们看到，教师努力营造了轻松的氛围，便于和低龄段儿童进行有效沟通；教师的提问非常关注儿童本身的认知发展，保持前后问题之间的逻辑关系，层层递进；教师进行及时的指导和鼓励，培养儿童对学习的信心。

二、"简易迷宫"教学案例

（一）教学设计

表 3-8 "简易迷宫"案例

课程名称	简易迷宫		
基础信息			
学校名称	×××××		
教师姓名	×××	手机号码	×××
教师学科背景	×××	日常执教科目	×××
课前分析与准备			
授课内容 （包括在编程课程中的位置，重点说明计算思维培养点）	学生通过系统学习，已经初步掌握了基础算法原理、基本算法结构，以及变量、函数和列表等概念。本项目是三级课程的最后一节的内容，是在前期基础上进行的综合设计。 迷宫游戏是学生非常喜欢的游戏类型，本项目将通过项目分析、编程实现和调试、作品交流与展示三个环节，完成一个完整的"简易迷宫"的项目设计，让学生尝试把所学的编程知识灵活应用于现实问题的解决之中。		
面向学龄段	三年级	课时数	3
学习者分析 （从培育目标出发，对学生年龄特征、知识能力水平以及对课程内容本身的分析）	学生通过前期的学习，已经掌握了如下内容： 1. 编程环境的基本操作； 2. 顺序、条件、循环三种基本结构的学习； 3. 指令、序列、变量、函数、事件等基础概念； 4. 程序调试的基本方法。 对于一些较复杂的程序结构也已经在前期的学习中有所接触，比如双重循环结构和循环嵌套分支结构。总体来说，这个阶段的学生已经基本掌握儿童编程的大部分概念和操作要求，初步具有程序开发的基本能力。 本项目面对的学生是三年级（大约9岁）的儿童，处于具体运算阶段，其注意力不稳定、不持久，有兴趣的、新颖的事物会引起他们的注意；以具体形象思维为主，概括事物的能力较差。因此在项目开展的过程中，需要关注情境对于学生兴趣的作用，以及通过及时的鼓励和赞赏来保持学生学习的动力。		

续表

教学目标	计算概念	1. 能综合应用计算思维概念，设计迷宫项目的整体框架； 2. 能实现简易迷宫游戏的整体代码编程。
	计算实践	1. 能在小组合作中，完成算法设计和可视化编程； 2. 能在编程过程中，独立完成程序的测试与调试，实现程序功能。
	计算观念	1. 能在学习过程中，针对问题提出质疑，提升问题解决的能力； 2. 能在作品展示过程中，体现交流和表达的愿望。
预期成果		简易迷宫的游戏设计。
预期评价		作品展示的展示性评价；基于小组互评和教师评价的过程性评价。
教学策略		合作学习策略、情境教学策略、探究学习策略。

教学过程

一、项目分析

环节	内容	教师活动	学生活动	资源及工具	计算思维能力培养点
情境创设	认识迷宫游戏。	提问：描述一下迷宫游戏具有哪些功能？	学生回答。	PPT	计算概念：问题分解
问题确定	确定游戏设计整体流程。	老师拿出示例作品并进行演示，并让学生观察分析游戏的功能。 老师：今天开始我们来做简易迷宫的作品，首先大家来试一试这个作品。（老师	学生讨论（最后形成共识：时间计时，过关，记录时间）。	PPT	计算概念：抽象

		让同学们来体验游戏作品）老师：同学们，大家讨论下这个游戏的功能。			
方案探究	将作品项目分解成子系统。	老师：我们接下来看一看这个项目由哪几块构成的。老师进行辅导，如果学生遇到共同难题、难点则统一讲解，否则个别辅导。	1. 学生讨论，确定项目的组成。 2. 学生进行子系统编写： a.背景绘画。 点击地图绘制一个自己喜爱的地图。 b.添加列表。 	学习平台	计算概念：数据、运算符；计算实践：模块化、数据表示

续表

			将计时器加入'秒'列表中。 c.建立变量 **变量** 建立一个变量 ☐ X ☐ Y 将 X▼ 设为 0 将 X▼ 增加 1 显示变量 X▼ 隐藏变量 X▼ 将 X▼ 设为 x坐标 将 Y▼ 设为 y坐标 并将 X、Y 设为 x 坐标,y 坐标。		
评价优化	小结与评估。	1. 教师总结:简易迷宫有哪些功能/子系统? 2. 测试题:整个系统需要哪些程序来实现?	1. 学生回答。 2. 学生完成测试(参考答案:函数+变量+列表+计时器)。	PPT	计算概念:问题分解;计算观念:交流、表达

二、编程实现与调试

环节	内容	教师活动	学生活动	资源及工具	计算思维能力培养点
情境重现	复习旧知。	带领学生回顾整个项目的功能、各系统。	学生回答。	PPT	计算概念:问题分解

续表

		学生进行编程实践： a. 函数编写 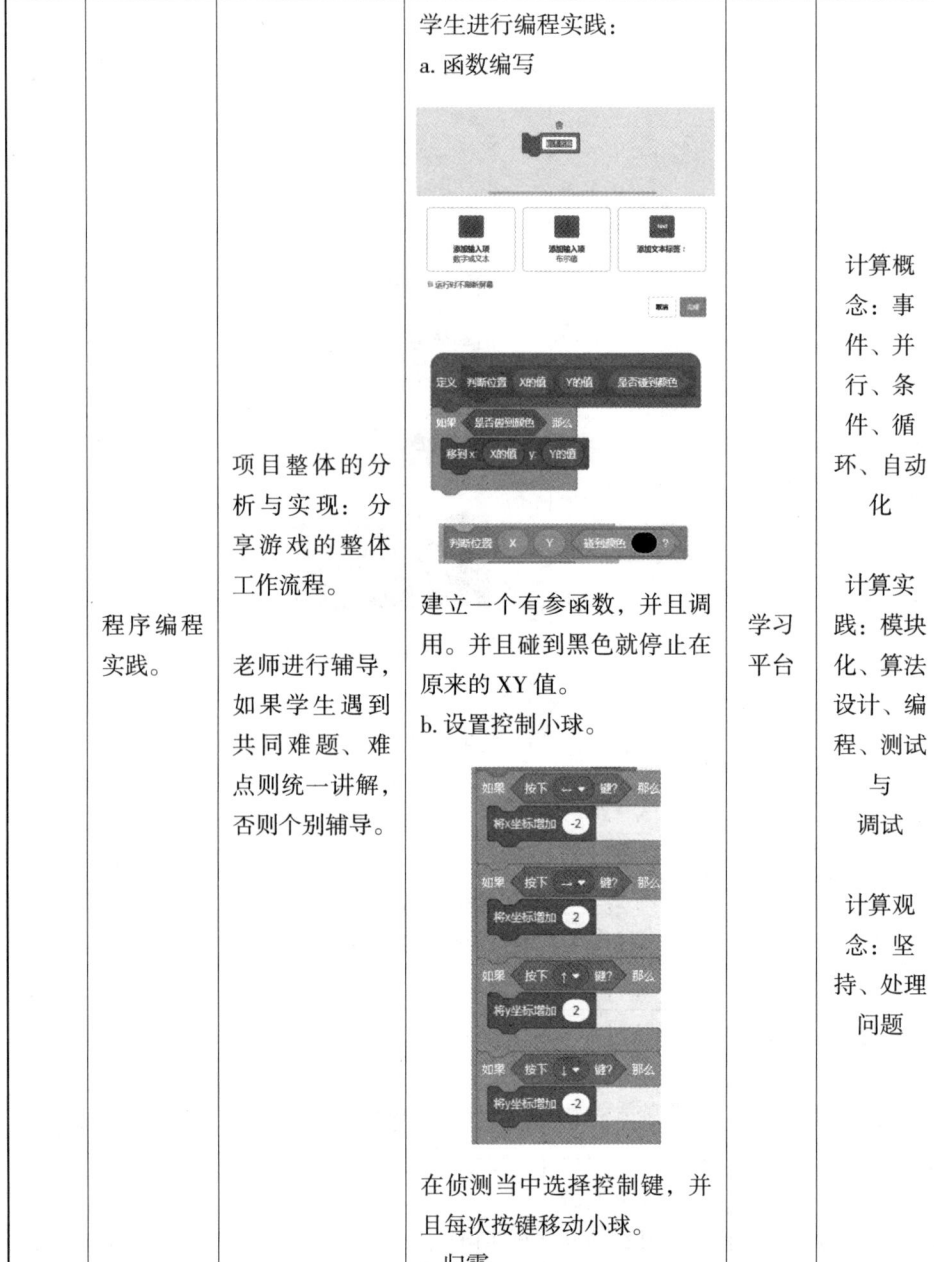 建立一个有参函数，并且调用。并且碰到黑色就停止在原来的XY值。 b. 设置控制小球。 在侦测当中选择控制键，并且每次按键移动小球。 c. 归零		
程序编程实践。	项目整体的分析与实现：分享游戏的整体工作流程。 老师进行辅导，如果学生遇到共同难题、难点则统一讲解，否则个别辅导。		学习平台	计算概念：事件、并行、条件、循环、自动化 计算实践：模块化、算法设计、编程、测试与调试 计算观念：坚持、处理问题

续表

			计时器等开始后全部归零,小球初始化到一个位置。 d. 全部代码		
评价优化	小结与评估。	教师总结：本次课我们首先对"简易迷宫"的整体流程进行了分析以及编程实现，并且进行了游戏试玩。	学生倾听并回答。	PPT	计算观念：交流、表达

续表

环节	内容	教师活动	学生活动	资源及工具	计算思维能力培养点
编程实践	作品调试与完成。	教师辅导。	各小组学生最终调试装配完成作品。	学习平台	计算实践：测试与调试
评价优化	展示与评价。	教师点评：老师点评各组学生作品。	1. 各小组轮流演示讲解各自的作品： a. 各组学生选出2名代表； b. 1名演示游戏； c. 1名同步讲解； 2. 各组互评： a. 学生以组为单位对其他组的作品进行点评； b. 对其他组的作品进行打分； 具体规则如下： 总分100分，其中游戏美观20分；游戏功能50分；展示和演讲30分。	学习平台	计算观念：质疑、处理问题、交流、表达

反思与改进（标准、方式、内容、策略）

1. 入项时情境设计需要更有趣一些。可以考虑采用迷宫游戏试玩的方式，让学生能对简易迷宫的设计有一个更清晰的认识，同时激发兴趣。
2. 系统模块化的过程可能造成有些学生学习的困难，通过两种途径进行改良：
（1）联系旧知，通过以前完成的作品的一般规律来进行知识迁移；
（2）通过小组合作的策略来促进学生学习，在充分讨论的前提下，在同伴互助中获得提升。
3. 评价部分有些单薄，后续可以通过课堂观察表来进行过程性评价，丰富评价方式。

（二）案例分析

"简易迷宫"属于低龄段儿童编程四级课程，面向三年级学生，也是整个低龄段儿童编程课程体系中的最后一部分内容，可以认为是"集大成者"的教学设计。在本课中，期望儿童通过项目分析、编程实现和调试、作品交流与展示三个环节，完成一个完整的"简易迷宫"的项目设计，让儿童尝试把所学的编程知识灵活应用于现实问题的解决之中。本课的学习，要求儿童能综合应用计算思维概念，设计迷宫项目的整体框架，实现简易迷宫游戏的整体代码编程，能在学习过程中，针对问题提出质疑，提升问题解决的能力，体现交流和表达的愿望。

"简易迷宫"是综合的项目设计，因此需要三个课时来完成。首先，通过情境引入，儿童理解项目需求，从而进行项目分析；继而，儿童通过编程实现程序功能，并进行测试与调试；最后，通过作品的展示与交流，完成项目的评价与优化。本项目的教学设计，主要体现以下特点：

1. 聚焦问题解决过程

由于是综合项目，因此本教学设计聚焦分解问题、模式识别、模式归纳、算法开发、评估反馈五个计算思维问题解决的过程，涵盖了情境创设、问题确定、方案探究、编程实践和评价优化五个完整的教学环节（由于分成三个课时进行授课，每个课时的教学任务各有不同，因此在教学过程中有些环节是重复出现的）。在教学设计的过程中，教师以学生的"学"为本，围绕着核心问题进行教学内容开发，让儿童从"迷宫"情境入手，了解问题的实质，并进行问题的分析与分解，设计方案并编程解决，正体现了提出问题、分析问题、解决问题的一般思路，促进学生解决问题能力的发展。

2. 指向计算思维培养

本教学设计围绕儿童编程所依托的计算思维框架。从计算概念看，本项目学习中，学生需要掌握指令、序列、循环、分支、变量、函数等几乎所有的儿童编程课程的计算概念；从计算实践看，本项目通过方案探究，提升学生模块化算法思想；通过简易迷宫程序的代码编写，促进学生测试与调试程序能力的提升；从计算观念看，学生在团队中互相交流、合作，对于不同的意见提出质疑，在展示性评价中学会正确表达自己的观点。可见，教学设计中计算思维的三个维度相辅相成，全面培养学生的计算思维素养。

3. 体现学生活动的探究性和趣味性

项目预设的学习情境是迷宫游戏的设计，这是一个充满趣味的探究活动。作为儿童，迷宫是经常玩的游戏，很熟悉也很喜欢。现在通过程序设计，让学生自己通过实践，设计属于自己的迷宫游戏，相信能引起学生们的学习兴趣。但项目的任务又并不简单，并不是通过简单的设置就能完成的任务。在项目活动中，需要小组讨论，确定项目内容的组成；进而讨论游戏需要的地图、背景图、列表，建立变量，每一个环节的不同设计就会产生不一样的结果。具有探究性的学习活动设计，正体现了学生在学习中的主体地位，使学生能最大限度参与学习，发挥主观能动性。同时，探究的过程也是一个创新的过程，在培养学生计算思维和问题解决能力的同时，也关注学生创新意识和创新能力的培养，在本质上促进了学生核心素养的发展。

第四章 保障篇

随着教育信息化的发展，时间、空间作为重要的教育资源，受到越来越多的关注。教育环境的布置不仅成为教育教学实践需要考虑的要点，而且进入研究的视野。在低龄段儿童编程教育的进行过程中，项目组还关注到学习环境的创设和安排、师资培训以及家校互动这三项重要保障举措。编程学习环境如座位分布、课堂氛围、编程界面设计以及教具的选择和使用等，如果加以精心创设和安排，都能有效地辅助课程教学目标的实现。教师专业成长是教育教学质量提升的重要途径。具体到低龄段儿童编程课程的教师，其专业发展主要依靠职后师资培训来完成。这就涉及两个问题，一是培训什么，二是怎么培训。编程教育的师资培训主要针对指向计算思维培养的编程课程内容和课堂教学，通过专家引领、个体反思、项目研究、同伴互助、师徒带教等多种方式，形成研究共同体，发挥各自优势，交流共享、共同提升。此外，低龄段儿童编程教育尤其应当重视家校互动，努力形成育人合力，共同促进儿童计算思维的培养。

第一节 学习环境

一、有助于合作共享的环境创设

编程教育对儿童计算思维的培养以用计算机专家的方式来思考问题、解决问题为最终目的，要经历确认问题、分析和组织已知条件数据、用模型等方法来表示数据、设计用一系列的算法步骤自动化地解决方案、运行实施的过程。①在此过程中，往往会出现反复、重复现象，比如对方案的反复设计、反复运行，筛选出可行的最优方案。因此，计算思维培养的过程是鼓励儿童进行探索、试错、修正、完善、总结的过程。这个道路往往并非一帆风顺，需要教师的鼓励引导，儿童的全情参与和投入，同伴的合作共享。

在课堂上儿童的投入和团体合作，除了教师和自身状态的影响，还受到课堂环境的影响。这里的环境分为两个侧面：一是物理意义上的环境，比如座位的编排；二是合作氛围，这需要教师更加用心地引导和设计。②

（一）分组式的座位分布

在大规模集体教学条件下，为了管理方便，我国中小学课堂和幼儿园一般都会相对固定学生在教室中的座位。从而使学生在学习中有相对固定的个人微环境和经常交流的同伴。座位的排列、分布对儿童的学习有重要意义。

1. 常用的课堂座位排列方式

目前我国中小学、幼儿园课堂的座位排列有秧田型、模块型、竖列型、U字型和环绕型等几种。秧田型是最常用的一种座位排列方式，即把学生横成排、竖成列，全部面向讲台。这样便于教师管理，但是不便于学生之间的交流。模块型是将学生分成小组，每一个小组坐在一起，讲台仍处于教室前方。这种座位排列方式便于小组内部的生生交流，但也很考验老师的控班能力。竖列型是以列为主，让两列学生面对面，讲台仍处于教室前方，列的一端。这种座位排列方式不太常见，一般只在计算机课上运用，主要是迁就计算机设备放置方便。U字型顾名思义，学生排成U字或者弧形，讲台处于U字未封闭的一端。这种方式适用于学生数量较少的课堂，目前在幼儿园较为常用。环绕型是让学生围成一个封闭的圈，教师处于中间。这种方式适用于教育戏剧课、心理课等较少

---

① 李锋，王吉庆．计算思维：信息技术课程的一种内在价值 [J]．中国电化教育，2013(8)：19-23.
② 金璐．创造有安全感的教室环境 [J]．教学与管理．2014(2)：32-33.

需要书桌书写，较多肢体体验活动的课程。

2. 儿童编程课的分组座位排列

指向计算思维培养的儿童编程课程，关注儿童在合作探究中提升能力。因此，座位的排列分布也首要考虑学生合作的便利性这一指标。因此，大多数时候都会采用模块型的座位分布。

由于儿童编程课程要用到计算机、PAD等终端设备。尤其是大块头的计算机往往成为学生间讨论合作的阻隔。为了解决这一问题，有几种破解方案：一是在运用计算机的教室模块型的座位布局中，每个模块旁边都会延伸出一个空置的区域，供学生聚在一起讨论。但是由于需要计算机，学生座位本来就占据较大空间，再另辟单独的讨论空间，会使得教室容纳的学生数过少，同时教室后面的学生小组离讲台过远，这些都不利于课堂教学的效率和效果。

二是借鉴"竖呈列"的座位分布方式，将模块化的座位分列连接起来，从而在教师统一讲授时，不至于遮挡学生视线；同时，同一列的小朋友在分组活动时只要前后适当搬动座位，就可以实现小组讨论。这样既可以发挥模块化座位排列有利于小组探究的优势，又不至于受到计算机阻隔的影响。如图4-1所示，我们在开展编程课程时，座位分布逐渐向"模块竖列"型转变，从而创设在使用计算机条件下有助于小组合作的座位排列方式。

图4-1 "模块竖列"型座位排列示意图

（二）鼓励交流合作的课堂氛围

课堂氛围是在课堂上大部分学生心理状态的外在表现，主要由参与课堂教与学的师生互动而形成。有效的生生互动和活跃的师生互动是形成富有活力的课堂氛围的基础。同时，在编程课程活跃的课堂氛围之中，追求的是有效互动所带来的计算思维的促进和培养。

1. 有效分组促进课堂生生互动

如上所述，致力于计算思维养成的编程课程主要采用"模块竖列"型的座位分布，这种空间设计有助于学生小组之间的互动讨论。与此同时，坐在座位上的学生组合，对生生互动的有效性有更大的影响。因此，编程课程一方面按照公平的原则，实行学生座位的轮换制，也就是每位学生都会有坐在中间的机会，也会有坐在边上的机会。另一方面按照教学目标要求、教学内容特点，变换小组成员。

学生分组主要考虑学生的学业水平和学习风格两种因素，也就是学生的计算思维水平或者是对编程基本知识的掌握和运用方面存在差异，以及有的学生在讨论中习惯发言，有的则倾向于沉默这类风格差异。为了使不同学习水平的学生都有自我挑战的机会，让倾向于沉默的学生必须参与到小组讨论中去，主要采取了下面两种做法。

第一，学业水平的同质分组和异质分组交叉进行。在编程课程中，难度中等的任务，或者说答案不唯一的任务一般都会用同质分组的方式，让小组讨论时每个学生都有话说，都有自信。难度较高的任务会用异质分组，用同伴带动同伴的方式共同完成任务。

以编写"划龙舟"游戏这一课堂练习活动为例，一级任务是：实现当粽子下降时，可以控制龙舟移动方向，去接粽子。接到粽子后，粽子消失。这是一个最基本的任务，几乎所有学生都可以完成。二级任务是：粽子可以不停下落。

这是一个相对复杂的任务，但是有很多种完成方法，所以大部分学生也可以完成。因此，课堂练习时主要使用的是同质分组的方式。每组学生完成任务后，再进行组与组之间的交流。事实上，不同的小组完成二级任务的方式不一样，如图 4-2、图 4-3 所示，有的重复编写每条语句，有的尝试使用"循环""嵌套循环"指令。这样就体现了对知识理解和运用程度的不同，具有了小组之间交流的意义。

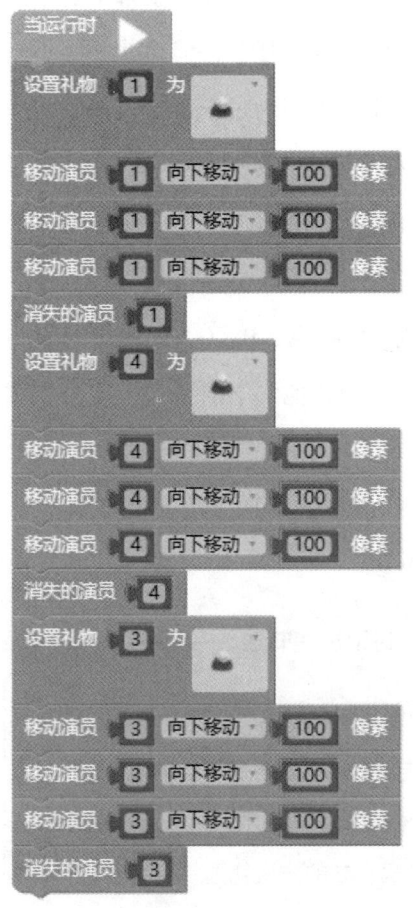

图 4-2　重复编写指令的编程示意图　　图 4-3　运用循环指令的编程示意图

再如"读书姿势矫正器"的课堂练习活动，这一活动需要儿童使用超声波传感器和语音合成等硬件完成对应硬件系统的拼搭，再使用循环和条件指令完成程序编写，最后将写好的程序灌入硬件设备中进行最终测试。对于这类难度较高的任务，课堂练习时主要采用的是异质分组的方式，四人一组，各有分工，协同完成任务。

第二，设置小组内学生互动基本规则。无论是同质分组，还是异质分组，都可能出现搭便车的现象，即讨论由部分学生主导，其他学生并不参与思考，没有贡献。这种现象在异质分组中尤其突出。因此，编程课设置了基本的组内学生互动规则。首先，教师规定讨论时长，清晰地描述任务，但是并不用小组间竞赛的方式，鼓励快速完成任务。从而避免小组内因为过于看中时间，而产生抱怨同伴的行为。其次，规定每个小组成员必须发言，如果有必要，学业水平相对不高、倾向于沉默的学生优先发言，同时优先请这些学生上台代表小组作汇报。再次，要求小组成员每个人都了解任务完成的过程，并且能够完成任务。

以案例4-1"电子尺"硬件拼搭这一任务为例，A、B、C、D四位同学为一组，A同学能力最强，统领整个项目，并且按照其他同学的特长、能力和意愿分配任务。B、C、D三位同学有各自的任务，必须对整体任务完成的程序、方法和策略有一定认知，才能完成自己的任务。因此，四位同学一起交流，从自己的工作出发，讨论任务完成的一些关键环节。

案例4-1 "电子尺"硬件拼搭任务讨论过程节选

学生A：这次我是"项目经理"，B，你来做"硬件工程师"，C，你来做"系统工程师"，D，你来做"软件工程师"，大家一起合作，互相监督，互相学习哦！

学生C：好的，我来做"系统工程师"，我们这个硬件是用来测量距离并且在LED显示屏中显示出距离的。所以我们最简单最有效的方法就是使用编程方式，将程序放入拼搭好的硬件中运行，看看是不是能够有效地解决问题，大家一起来监督学习！

> 学生B：好的，我是"硬件工程师"，这个任务当中需要使用到的硬件有：LED显示屏、核心板。我来找到这些硬件，然后拼搭在一起，大家一起互相监督，看看有没有出现错误的地方啊！
>
> 学生D：我是"软件工程师"，我们可以用"我的实验室"中的"物联网平台"，选取合适的指令来编写程序。我认为，我们需要用到距离指令、显示指令、运行程序。初步的方案是这样的：……
>
> 学生B：明白！这样我们还需要用到超声波传感器。
>
> 学生C：我也这样认为，也许还可以做一点调整：……

2. 鼓励活跃的课堂师生互动

活跃的课堂氛围需要教师给学生以充分的空间和时间，但值得追求的并非表面的热闹，更是指向计算思维培养的身心持续投入。这就不仅需要教师将课堂还给孩子，更要有效的引导和互动。为了促进学生的探索、学生之间的合作，编程课堂上教师在很多关键节点经常运用一些互动策略，引导学生的思维走向。

第一，澄清。澄清即编程教师在关键问题上，等学生发言之后，用更为规范的学科语言复述，一方面向发言学生确认他回答的意思，另一方面引起全班学生的关注，将注意力集中在这一关键问题的探讨上，并且在潜移默化中让学生更加熟悉、适应并学习规范的学科语言。以案例4-2"指令"这一概念的教学为例，作为学生编程学习中的第一个关键知识点，教师结合生活实例，用规范的语言让学生理解。

> **案例 4-2** "指令"概念教学片断
>
> 师：那谁能告诉老师，什么是"指令"呢？
>
> 学生 A："让别人做事情"就是指令。
>
> 师：很好，不过你想让别人做事情还应该干什么呢？比如说，你现在想让同桌站起来，你应该干什么？
>
> 学生 A：还要和他说话。
>
> 学生 B：要命令他。
>
> 师：对的，要告诉他"请你站起来"，这个就是发出去的命令。所以，我们说"让别人做事情而发出去的命令"就是指令。在编程课上，我们让卡通人物"兜兜"向上移动或者向下移动都需要发出相应的命令。

第二，追问。追问也是编程教师在关键问题上，于学生发言后，再就关键点继续询问，询问的对象可以是同一位学生，也可以面向其他学生。其意义在于提请学生注意培养计算思维提升的关键点，引起思考，增进思维的深度。以案例 4-3"循环"指令复习的教学片断为例，教师首先通过示例、反问等方式，让学生了解学校生活中有事件重复的现象，然后用"能不能有简单的方法"这个追问，让学生运用循环指令，接着追问"为什么"引导学生提炼循环指令的适用条件，最后教师总结。这样，学生在教师的引导下，练习用编程的思路来看待现实事件，再进一步用"循环"这样的编程指令来简化现实生活的重复事件，计算思维的培养步步深入。

> **案例 4-3** "循环"指令复习的教学片断
>
> 师：今天老师给大家一个小任务。如果让你用编程来展示你自己一天的学校生活，要怎么做，谁能说说思路？

学生A：我要先去上学，然后上课，然后吃午饭，再上课，然后放学。

师：非常好！有上学，就有放学。

学生B：那有上课，就得有下课。

师：很好，更加完整了。编程就是这样，要有头有尾。你们每天只有两节课吗？

学生C：不对，我们上午有四节课，下午有三节课。应该是：先去上学，然后上课、下课，上课、下课，上课、下课，然后吃午饭，再上课、下课，上课、下课，上课、下课，然后放学。

师：更加详细了，听得我头晕，能不能有简单的方法？

学生C：可以用循环，上午上课、下课四个循环，下午上课、下课三个循环。

师：为什么能用循环呢？

学生C：因为上课和下课是重复进行的啊！

师：是的，循环语句就是为实现反复的功能而设置的。……

第三，陷阱。陷阱同样是编程教师在关键问题上的互动方式，用疑问、反问、或者叙述等方法，故意发生一般会出现的错误，或者容易混淆的知识，引导学生发现错误，使思考过程更加清晰。案例4-4"循环"指令是教学中的一个难点，为了让学生理解循环往复的内涵，师生对话中教师设计了陷阱，用反面案例提醒学生。

案例4-4 "循环"指令的教学片断

师：其实在生活中有很多地方在进行循环，刚才同学说到了走路、每天上学，都是循环。接下来我再举几个例子，大家看看是几的循环。抢答开始，一日三餐！

> 生：3！
>
> 师：四季更替！
>
> 生：4！
>
> 师：五谷丰登！
>
> 生：5！
>
> 师：（停顿）
>
> 学生A：不是5！五谷丰登不是循环。
>
> 师：那你来说说看为什么不是？
>
> 生：……

二、有助于积极学习的界面开发

（一）基于认知负荷理论的编程课程界面开发

认知负荷是一个认知心理学范畴，是指人在学习或任务完成中进行信息加工所耗费的认知资源总量。[1]认知负荷的过高或过低都会对人的信息加工能力造成负面的影响，降低操作者的反应速度和正确性，乃至系统任务的效率。[2]编程课程由于其教学内容的特点，大部分时间必然通过计算机或者iPad等电子终端开展教学，这需要从认知负荷角度考量编程课程界面的设计和开发。

1. 结合图表呈现任务，让视觉辅助听觉

学生接受信息的渠道主要有视觉和听觉，一般来说，视觉比听觉所获得的

---

[1] 孙崇勇．认知负荷的测量及其在多媒体学习中的应用[D]．苏州：苏州大学，2012：3．
[2] 李晶．认知均衡负荷的人机界面信息编码方法[D]．南京：东南大学，2015：1．

信息在头脑中印象更深刻，存留时间更长。如果用图表、形象化的方式呈现，造成的认知负荷较小。因此，面向低龄段儿童的编程课程，其界面在呈现任务时更多用图的方式，让任务更容易理解。如图 4-4 所示，以"小画家"一课为例，幼儿园和一年级很多小朋友很难真正感知"左"和"右"的概念，所以地图上"左西右东"会造成较大的认知负荷。因此，编程课程界面在指令的设计上，用箭头标明"上北下南、左西右东"的方向，减少认知负荷，让学生专注于移动、序列等指令的学习。

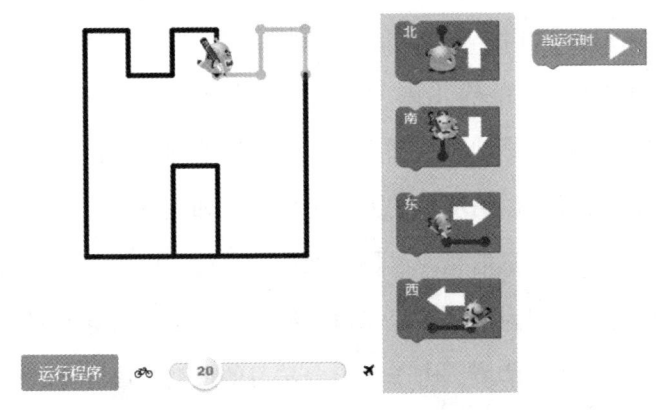

图 4-4 "小画家"编程界面

2. 相互补充的不同信息呈现方式应该在视觉上靠近

同一个任务中，如果需要用文字描述和图片呈现两种方式进行信息的传输，那么这两种方式最好放在同一个页面上，从而节省进行空间整合的认知资源。具体到编程课程的界面中，由于面对低龄学生，一般文字很少，同时配以音频，比较容易做到在同一个页面一起呈现。如图 4-5 所示，以二级课程的"松鼠·序列"一课为例，图画、文字、声音协同进行任务的表述。学生先看到的是图画，然后根据文字进一步明确任务，如果有些字不认识还可以通过声音来确认。

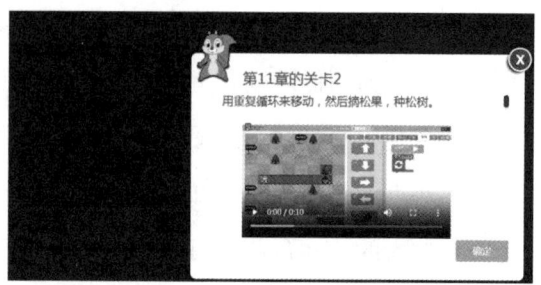

图 4-5 "松鼠·序列"编程界面

3. 尽量减少与学习无关的信息

无关的信息容易引起学习者的注意力分散,造成认知负荷增加。但同时,因为编程课程的对象是低龄段儿童,需要一些信息来增加学习的趣味性。因此,如何将有趣的信息较好地融入知识的学习,需要深入地探索。一个较为有效的做法是将编程的任务以情境化的方式呈现,增加趣味性,同时注意界面简洁,减少与学习无关的视觉信息,尽量降低认知负荷。以图 4-6 所示的一级课程"废电池莫乱丢"一课为例,编程课程的界面设置了"废电池回家"这一学习移动、序列指令的任务情境,由于在指令学习的最初阶段,界面中只有"厨余垃圾""有害垃圾"两个垃圾桶,减少干扰信息。同时,界面设计不花哨,突出了"电池""厨余垃圾""有害垃圾"三个关键信息,将与学习无关的因素降到最低。

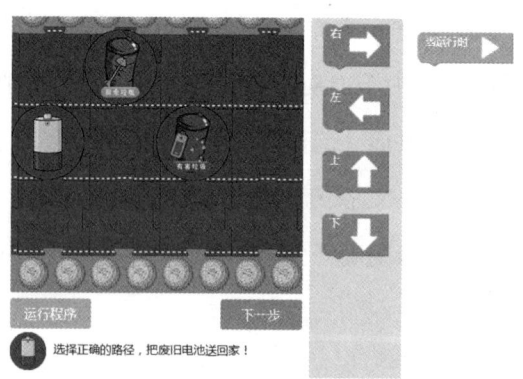

图 4-6 "废电池莫乱丢"编程界面

4. 给予适度的压力

保持学生的注意力在以低龄段儿童为教育对象的编程课程中是难点。这需要给学生一定的压力，使其保持一定的紧张感。比如，为了引起学习兴趣，也为了让学生更好地理解学习任务，编程课程中会运用小青蛙跳荷叶的情境，让学生帮助小青蛙完成任务。一些孩子，尤其是年龄较小的孩子，会对青蛙、荷叶等漂亮的界面更感兴趣，造成注意力的偏移。因此，在界面中增加时间信息，提醒学生要在规定时间内完成任务，有助于学生注意力的保持。

（二）基于情感理论的编程课程界面开发

情感化设计理论提出，美的物品更好用。当人们感觉良好即拥有了正面的情绪时，能够更具创造性地去思考。诺曼将大脑加工的三种水平对应到了产品特点中：本能水平的设计——外形；行为水平的设计——使用的乐趣和效率；反思水平的设计——自我形象、个人满意、记忆。[1]面对低龄段儿童，编程课程的计算机界面更要符合儿童的特点，让他们喜欢这个界面，爱上编程。受诺曼的启发，主要从视觉效果、拟人带入、互动反馈三个方面着手。

1. 激励大脑活跃的视觉效果

颜色和形状都具有强烈的心理暗示，具有鲜明的文化特征。编程课程的计算机界面运用了成熟的研究成果，在颜色和界面布局上均努力适应低龄段儿童的特点，促进大脑活跃，让学生投入编程学习。

颜色的象征意义与其所固有的本质特征有关系。比如红色代表热情、奔放、激发，橙色代表青春、动感、活力，绿色代表安全、平静、舒适。这当然与一时一地的文化风俗相关，更本质地与颜色的本质属性相关。比如红色的波长是 770～622 纳米，绿色的波长 577～492 纳米。波长越大，在空气中的穿透

---

[1] 徐一凡. 基于情感化设计理论的大学数字图书馆界面的改良研究 [D]. 上海：上海交通大学，2015：4.

力越强。因此，比较而言，红色较绿色更容易被看见，对人眼的刺激更大。久而久之，加上文化的影响，不同的色彩在人的心理上具有了固定的意义。

考虑到颜色对学习心理的意义，编程课程的终端界面上，较多地使用了饱满的色彩搭配，力图营造轻松愉快的氛围，使低龄段儿童产生积极向上的正面情绪。同时，在不同的情境下使用不同的主色调。比如图4-7的课程平台欢迎界面，以橙色、黄色为主，激发儿童向上的情绪和活力。在任务界面，则以绿色、蓝色为主，让儿童在平和放松的状态下顺利地完成任务。

图 4-7　低龄段儿童编程课程平台欢迎界面

界面的布局也需要符合儿童的特点。低龄段儿童的绘画作品中大多没有立体感，这与他们还没有发育出三维空间的概念有关，过多的重叠形象会增加儿童对物像的辨识和理解难度[1]。因此，编程课程的计算机界面主要运用了二维的扁平化设计。如图4-8所示，在布局上排除无关信息干扰，突出重点，让儿童容易识别。

---

[1] 杨智坤. 儿童多媒体二维动画的设计与实现[D]. 北京：北京工业大学，2011：15.

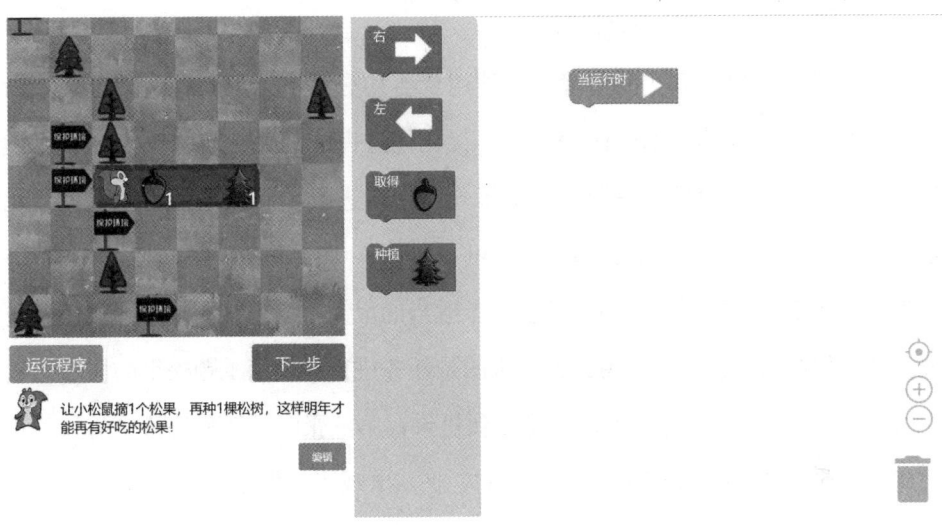

图 4-8 "松鼠·序列"编程任务界面

2. 增进带入感的拟人化设计

拟人化设计是一种模仿现实物件特点并将它们再现于新设计中的设计方法，使新设计让人产生熟悉亲切的感受。[①] 在面对低龄段儿童的编程课程界面中，拟人化设计更典型地呈现为将任务的重点角色赋予人的形象、能力，让儿童更有代入感和亲切感。如图 4-9 所示，松鼠、小鱼等深受儿童喜欢的小动物是编程课程界面经常使用的形象，它们会在儿童编程的操控下，"代替"儿童在池塘里、草地上，去寻找荷叶、松果。

图 4-9 低龄段儿童编程课程界面中的松鼠形象

---

① 徐一凡. 基于情感化设计理论的大学数字图书馆界面的改良研究 [D]. 上海：上海交通大学，2015：8.

3. 实现互动反馈的拟真设计

拟真设计是模仿真实的情境，让使用者更加有现实感的一种设计方式。为了增加儿童的参与感，编程课程界面不仅在任务完成的关键步骤中设计了对学生的鼓励性评价，而且在细微处也基于真实情境进行了反馈互动的设计，给儿童更好的情境体验，吸引孩子投入学习。以图4-10所示的"松鼠·序列"一课为例，在学生完成任务的不同阶段给予适当的反馈：第一张图是整体的任务呈现，摘1颗松果，种1棵松树；第二张图是任务进行中，摘1颗松果的情形，数字由1变成了0，另外左上方出现了1颗松果；第三张图是任务进行中，种1棵松树的情形，数字由1变成了0，另外左上方出现了1棵松树；第四张图是任务完成后的反馈——"祝贺你！完成了关卡"，还会出现竖起的大拇指进行点赞。

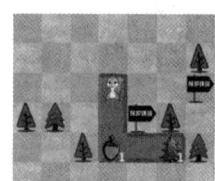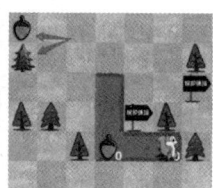

图4-10 "松鼠·序列"编程任务界面

三、有助于直观理解的支持性工具

虽然面向低龄段儿童的编程课程在界面的开发等诸多方面都照顾到儿童的充分理解问题，但是编程毕竟是在计算机上进行的，儿童所解决的也是虚拟的模拟问题，任务的完成虽然可以看到、可以反馈，但是很难有强烈的现实体验感。更大的难题在于，由于计算机上通过编程完成的任务大多数并非在儿童身边真实发生并证明有效，很难与现实生活发生密切的关联，儿童就难以体会到用计算思维解决问题的现实意义。因此，适当穿插能够摸得着的真实情境任务，让儿童观察到用计算思维调动编程工具，辅之以硬件设置，可以对外界事物产生切实的影响。这就需要除计算机以外的支持性工具。

（一）教具

教具就是辅助教学的工具。在编程课程中，计算机以及所承载的编程软件都是教具。面向低龄段儿童的编程课程平台在前文已经有较为充分的说明，这一部分更倾向于传统意义上，让学生产生更加直观体验和感受的教学工具。

1. 角色扮演教具

为了增强编程课程的真实感，让学生体验用计算思维解决现实问题的过程，首先开发的教具是用于角色扮演的标识牌。如图4-11所示，在四人组成的问题解决小组中，有项目经理、系统分析师、硬件工程师、软件工程师四种角色，像是真实世界中的开发团队一样，他们组成小组，协同工作，攻克难题。

图4-11　儿童编程项目角色扮演胸牌

虽然只是简单的一块胸牌，它代表的是角色分工和任务分工，更加给儿童以角色代入感。项目经理负责监测督促所有成员按分工完成自己的工作，并检查系统运行结果，确定是否完成任务；若不成功，将组织成员分别排查问题，修改后再运行，直到正确；要在任务书上填写分工及任务成果完成与否的情况。系统分析师负责做出整体的问题解决方案，并在任务书上填写总体解决方案表格（选择相应的答案）。硬件工程师负责在任务书上勾选要用到的硬件，并挑选出来进行拼搭。软件工程师负责编写程序灌入硬件，并测试是否符合任务要求。学生在不同的任务中轮流承担不同的角色，体验团队用计算思维解决问题的探索过程。

2. 工程模拟教具

为了展示计算机编程在现实世界切实能够起到的作用，制作了工程模拟教具，模拟现实作业需要的相关硬件。这些教具按照不同的方式拼接组装，可以实现不同的功能，完成相应的任务。教具主要包括几大部分：

第一是运算控制设备，主要包括核心板，用于存储程序并进行运算处理后，根据结果连接其他元器件工作，是每套硬件组成不可或缺的主要部件。

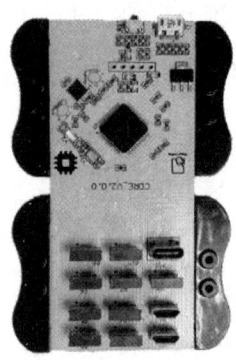

图 4-12　儿童编程项目运算控制设备

第二是输入设备，主要包括超声波传感器、红外传感器、温湿度传感器、光敏传感器、碰撞传感器等。超声波传感器能通过发射和接受反射声波的速度来计算出实际的距离。温湿度传感器用来测量空气中的温度与湿度。光敏传感器可以获取实时光线的强弱程度，用于小夜灯等小家电的制作使用。碰撞传感器是通过按下或弹起传感器上的弹片，发出不同的信号。语音识别把识别到的语音转换成电信号，传递给核心板。

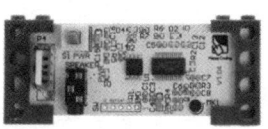

图 4-13　儿童编程项目输入设备

第三是输出设备，主要包括 LED 显示屏、喇叭模块、蜂鸣器等。LED 屏由 64 个 LED 的小灯泡组成，屏幕会显示图像（笑脸、哭脸等）。喇叭的作用是播放声音。蜂鸣器可以发出警报的长鸣声。红外传感器可以发射并接收信号。

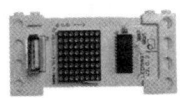

图 4-14　儿童编程项目输出设备

第四是存储设备，主要包括录音模块，可以录制我们说出来的话语，它是组合型元器件，必须和喇叭模块合在一起运作。

图 4-15　儿童编程项目存储设备

此外，还包括音频线、Type-C 线等连接线。

图 4-16　儿童编程项目使用连接线

（二）教具的使用

教具是为了帮助低龄段儿童在编程课程中培养计算思维，增强现实感而开发的。其使用也服务于这个目的。一方面，教具要与计算机上的编程任务相连接，也就是用程序驱动硬件执行任务。另一方面，教具在整体的教学设计中才能发挥作用，需要精心地组织教学。

1. 教具连接编写的程序

程序灌入硬件主要有四个步骤：第一，在平台编写好程序，将拼搭好的硬件和电脑连接；第二，下载程序，等待网页左下角程序下载完毕并点击"保留"；第三，找到下载的文件，拖拽至硬件所属的U盘，等待硬件核心板的红灯熄灭（文件烧入的过程）；第四，安全弹出U盘，将核心板重启，硬件就能正常执行程序。

由于教具大部分都有精密电子原件，因此需要提前告知学生一些安全注意事项，这也是为未来真正接触高精密仪器作准备。主要有以下几点：

（1）教具存放在干燥的环境中，避免受潮。

（2）不要将教具接近信用卡、磁带、银行卡、钟表等精密设备。

（3）尽量在清洁环境中使用，以免铁屑吸附在磁铁表面，影响正常使用。

（4）使用前请清除人身静电，如没有除静电手段，可用采用摸一下门把手等导电体的方式清除人体静电，避免元器件被静电击穿。

（5）不要将教具直接连接到电源插座上，请使用质量稳定可靠的5V电池、USB电源、充电宝等。

（6）请勿长时间直视发光模块教具，长时间直视会伤害眼睛。

（7）使用风扇和电机等模块教具时，请不要接触运动部分，以免人体或者模块教具本身受到伤害。

（8）模块教具中可调节的部分为精密组件，用力轻微，避免强力调节损坏电子器件。

（9）正确抓取模块教具的方式是拿连接器两侧边缘，尽量避免接触触点及按压板上的器件。

（10）与小颗粒积木拼插过程中，尽量不要把两个以上模块教具连接在一起往小颗粒积木上拼插，用延长线来实现软性链接；拼装方法是从上往下按压连接器，拆卸方法是用拆件器从侧面拆卸。

2. 教学中的教具运用

为了将编程知识应用于现实世界，让学生实际体验编程的价值和推动生活变化带来的喜悦，精细设计了系列软硬件结合的教学任务，穿插在编程教学之中。比如"丰富的表情"（控制与执行）、"我的复读机"（输入输出与存储）、"电子尺"（现实世界中条件的触发）、"智慧大门"（综合运用）、"智慧大门"（创新设计）等。下面以"智慧大门"（创新设计）为例，说明在教学中对硬件教具的运用。

案例 4-5 "智慧大门"（创新设计）

今天我的工作是：

系统分析师（ ） 硬件工程师（ ） 软件工程师（ ） 项目经理（ ）

一、系统分析师完成的作业：

1. 今天我们需要完成什么样的项目呢？（"☑"出需要完成的项目）

（1）编程控制"智慧大门"项目在硬件中运行。（ ）

（2）编程控制"丰富的表情"项目在硬件中运行。（ ）

（3）控制超声波传感器检测障碍物。（ ）

（4）控制小喇叭播放"我是小畅同学"的录音。（ ）

2. 下面哪些内容是我们分解出来要完成的小任务？（"☑"出小任务）

（1）用超声波传感器监测固定的范围。（ ）

（2）检测到有人进入监测的范围让 LED 显示屏展示笑脸。（ ）

（3）了解眼睛和书本的合适距离是 30—35 厘米。（ ）

（4）录制"欢迎光临"的语音。　　　　　　　　　　（　）

（5）由于声音播放有时长，所以每播放一次需要等待5秒。（　）

（6）检测到有人进入监测的范围播放录制的声音。　　　（　）

（7）搭建"电子尺"系统来完成。　　　　　　　　　　（　）

（8）搭建"智慧大门"系统来完成。　　　　　　　　　（　）

3. 请"☑"出搭建系统需要用到的元器件，并注明他们的类型（输入、输出、存储、运算与控制）。

（　）　　　（　）　　　（　）　　　（　）

（　）　　　（　）

二、项目经理完成的作业：

1. 本项目的分工安排

系统分析师：_____　　硬件工程师：_____

软件工程师：_____　　项目经理：_____

2. 观察硬件工程师的拼搭过程，硬件拼搭正确了吗？（正确）（错误）

用时多少？_____

3. 观察软件工程师的编程过程，程序编写是否正确？（正确）（错误）

用时多少？_____

4. 在硬件中运行该程序时，是否成功？（成功）（失败）

5. 如果运行不成功，呈现出的问题是什么呢？

（1）LED显示屏没有图像；

（2）硬件没有任何反应；

（3）超声波传感器无法检测。

注：如果不成功，请重新检查编号一、编号三、编号四的步骤。

6. 重新调整硬件或软件程序后是否成功运行？（成功）（失败）

在这一学生活动设计中，首先让儿童组成团队，分配系统分析师、硬件工程师、软件工程师、项目经理等角色，明确角色任务，同时将角色教具挂在胸前。然后让学生选择要完成的项目任务，接着圈定分解的小任务和实施步骤，同时选择小任务完成需要运用的硬件设备。这就把任务和教具联系起来，让儿童用计算思维考虑问题，用编程的方法解决问题，用硬件设备完成任务。在这个过程中，项目经理要负责分工安排、监控各阶段任务的完成、各成员的配合，也就是跟进整个过程，调配整合资源。

这就是一个用计算思维、编程技术、硬件设施完成真实任务的模拟教学，通过角色的分配和工程教具的加入，增进儿童投入任务的真实感和体验感。让学生在完成任务的过程中，自然培养计算思维，掌握编程基础知识，体验编程改变真实生活的价值。

第二节 师资培训

一、基于课程特点提升教师的专业水平

教学是一项实践性很强的活动，教师要把知识和能力通过系列活动和师生互动传递给学生。这要求教师不仅拥有相应的知识，而且能够合理设计教学活

动。编程教育属于新兴事物，无论在教学内容上还是教学方式上对教师都是一大挑战。为了让教师能够教、能教好，一方面通过开课前定期讲座的方式，让教师了解和整体把握低龄段儿童编程教学的教学内容；另一方面鼓励教师自己进行研究，探索更适合学生、更适合编程内容的教学方式和方法。

（一）定期讲座让教师快速熟悉教学内容

教师的本体知识是有效教学的根基。从事编程教学的教师都是计算机老师，但是由于这是一门新开发的课程，编程教学的具体内容还是需要在课程开始之前，让教师深入地了解。为此，开发了教师培训课程，主要以讲座、讨论、展示的方式开展，分为低龄段儿童编程课程概述、低龄段儿童编程一级课程介绍、低龄段儿童编程二级课程介绍、低龄段儿童编程三级课程介绍、低龄段儿童编程四级课程介绍这五大部分。

1. 讲座介绍课程内容

低龄段儿童编程课程概述主要从编程的意义、编程对计算思维的培养、课程整体框架等方面展开，目的是让教师对这门课程形成总体性的认识。四个层级的低龄段儿童编程课程介绍遵循了同样的结构，都分为课程知识点总括、课程简介及重要知识点讲解、实际操作三个部分。表4-1将一级课程中的知识点整理如下。

表4-1 儿童编程一级课程知识点简表

基础知识点	指令： ·带有方向的移动指令 ·动作指令 ·循坏指令 ·事件指令 ·线段指令	算法： ·单一类型指令的集合 ·复合类型指令的集合	基本调试的步骤： ·发现漏洞 ·制订方案 ·运行验证 ·是否可用于其他问题的解决
执行方法	顺序执行	循环执行	事件触发
融入学科	语文、数学、自然、工程		

这些基础知识点是通过融入不同的课程内容而得以落实的。在课程知识点的概括之后，一般要让教师了解这部分相对应的课程内容，即课程简介及重要知识点讲解。在定期讲座上，培训专家先为授课教师讲解每一级课程的知识点和所对应课程的内容，让他们更为具体清晰地了解分级课程体系乃至每一个课程主题的目标。比如以下的"快乐地图"部分，先是从学生角度介绍"快乐地图"学习任务，然后再从教学的角度阐述这一任务所涵盖的指令、算法等方面的知识。具体介绍如图4-17。

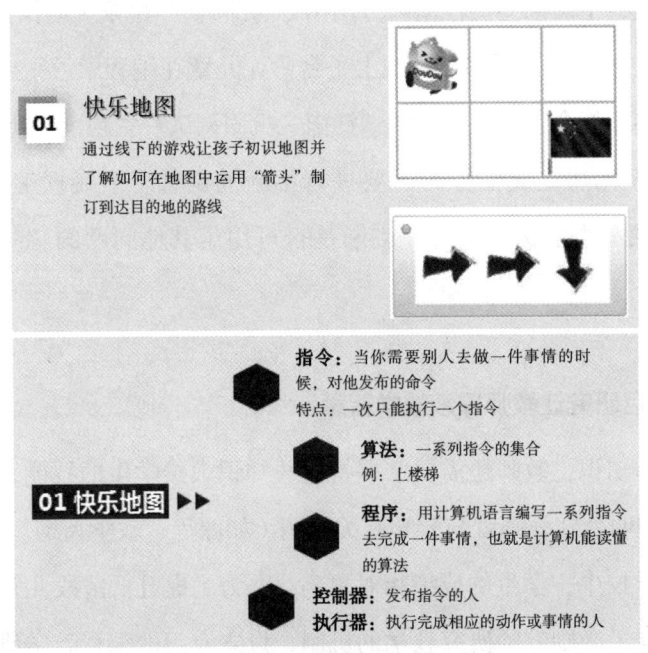

图4-17 "快乐地图"课程内容概述图

2. 讨论展示、巩固理解课程内容

每次讲座过后，都安排教师进行小组讨论，并自选主题展示。有的小组从课程知识与计算机学科特点的角度进行梳理和阐述；有的小组从成序列的学习任务所代表的知识递进上梳理展示；有的小组从编程课程内容与数学等其他学科知识的联系角度进行汇报。这些讨论和展示一方面让教师进行深度学习，理解内化低龄段儿童编程课程的内容及意义；另一方面让小组之间沟通交流，相互借鉴对方的思考角度和成果，开阔教学视野。

以某小组有关知识递进性的讨论展示为例。他们认为，一级课程以"兜兜编程号"启航、"数字排序·有趣的算法"等线下主题活动做为初始课程的缘由在于，让儿童首先熟悉各类指令操作卡，了解编程中的指令、顺序、算法等重要的计算概念并乐于参与活动；之后设置"小画家·简单指令序列""交通标识·复杂指令序列"等主题课程则可以帮助儿童理解指令的作用、序列甚至是复杂序列的意义；中后期的"江南·方向指令与序列""松鼠·动作指令"等主题课程则是将线下活动"迁移"到线上平台，让儿童在编程学习平台上学会操作方向指令、动作指令；课程末期的"江南·巩固调试"主题，则让儿童体会到，当编写的程序无法完成任务时需要进行不断的调整，最终理解"发现漏洞、制订方案解决漏洞、运行验证、判断是否可用于其他问题的解决"四个调试步骤。

（二）项目研究让教师探索教学智慧

除了本体知识，教师还需要掌握将这些知识教给学生的技能，也就是教学能力。研究表明，在教师就与教学有关问题（如课程、教学大纲、教学方法等）进行合作的学校中，学生的成绩相对更高。[1] 为了提升低龄段儿童编程课程育人成效，建立了激励教师研究教学的机制，设立专门的编程教学研究项目，鼓励教师自主申报，合作探索，并将取得的成果通过区域展示、文章发表、教师培训等形式进行推广辐射。

---

[1] Goddard, L. & Goddard, D. A Theoretical and Empirical Investigation of Teacher Collaboration for School Improvement and Student Achievement in Public Elementary Schools [J]. Teachers' College Record, 2007（109）. 转引自李新翠，何以促进中小学教师专业合作——基于近万名中小学教师的经验证据. 教育研究 [J].2020，（7）：144.

以"抽象编程教学实物化转换的实践探索"这一项目为例，它针对低龄段儿童抽象思维水平不高的现实情况，为了让学生更好地理解编程教学中在计算机上所使用的一些指令，比如成序列的方向指令，各种不同循环指令的联系和不同等，用实物、身体动作等方式，让学生体验编程指令的意义。比如，图4-18所示的手工折纸是将手工和编程相结合，通过手工制作了解计算思维中的分解目标和算法的顺序执行，从而体会生活中的真实算法。

图4-18　手工折纸示意图

再比如，图4-19的重复拍手通过让学生重复做同样的动作，直观地体会循环的含义。先让学生每隔一秒钟拍一次手，这是单一类型单个指令循环；再让学生每隔一秒钟拍两次手，这是单一类型多个指令循环；最后让学生每隔一秒钟拍一次手，然后拍一次肩膀，这是多种类型的多个指令循环。有了这种现实生活中的体验，学生对编程知识有了更深入的理解；同时编程知识与实际生活相联系，本身也是培养编程思维的重要途径。这一项目探索的很多相关的教学方法，在全区低龄段儿童编程课上都得以运用，有效地提升了学生的编程思维能力。

图4-19　重复动作示意图（拍手）

二、形成教师研究共同体

从一定意义上说，教师外在行为的真正改变主要是重构其内在知识基础与信念的结果。这就必然触及教师个体从自己长期的教育教学生活中通过各种方式所获得的缄默知识。① 学习具有社会性的特质，教师的缄默知识需要在教学实践和团体交流中形成。基于这样的认识，编程教育建立了教师研究共同体，让教师在从事编程教育的过程中，通过专家的引领、个人反思、相互交流，不断明晰指向计算思维培养的有效的教育教学方式，并共享推广。

（一）专家引领，明确计算思维培养的方向

在教师课前培训的环节中，已经提及计算思维的培养。但是，虽然计算思维的培养是编程教育的最终指向，由于教师每天面对具体的教学工作，其关注点也更多地指向学生每节课知识的掌握，因此很可能在初次接受编程教育的培训时，无法理解或者顾及不到计算思维培养这一目的，在其后的日常教学中忽略计算思维培养的指向。因此，在教师开始上课之后，还需要反复明确和提醒计算思维培养的目的。

专家引领是明确计算思维培养方向的重要策略。专家主要通过专家讲座、成果点评、听课指导等多种方式成为教师研究共同体中的一员。其作用在于为教师答疑解惑，不断提醒教师计算思维培养的目的，并指导其在具体编程教学中的落实，使计算思维培养进入教师的"教学图式"之中。具体来说，专家从以下三个着力点开展师资培养工作。

第一，为教师解答了一个问题：计算思维到底是什么？很多老师对这个概念有模糊的认识，但是却无法用语言表达。这种情况一方面保持了某种开放性，

---

① 刘要悟，程天君. 校本教师培训的合理性追究 [J]. 教育研究，2004, (6): 79-80.

让教师不用束手束脚，但也很可能会造成部分理解的偏差，因此邀请专家进行统一解读。专家在文献梳理的基础上，较为详细地阐述了计算思维的特征，与之相关的态度等，并且用精练的语言进行了简易界定：计算思维即模拟计算机解决问题的方式，解决生活问题的一种思维模式。这样的解读方式，让教师了解计算思维的来龙去脉和特征等相关因素，又知道它的核心内涵，便于记忆和理解，有助于兼顾编程教育在计算思维培养上方向的一致性和实践的开放性。

第二，为教师树立了一个信心：低龄段儿童能够进行编程学习。编程教育专家用"低地板""大空间""高天花板"三个词形容编程教育的发展趋势，也就是说编程教育在降低学习门槛，给予学生广阔的发展探索空间，为有能力、有兴趣的学生提供无限发展的机会。比如，儿童编程教育可以用模块化编程，避免冗长代码、格式、符号的记忆，大大降低了学习掌握的门槛。同时，编程的基础知识是低龄段儿童在生活和其他学科中也会遇到并运用的知识，比如冬天穿衣服，有些必须按照既定的顺序穿——先穿内衣再穿外衣，有些则两者都可以——左右两只袜子哪一只先穿都可以。这其实就是编程中有关指令顺序执行的知识。经过专家的指导，教师们更有信心也更有办法进行低龄段儿童编程教学。

第三，引导教师进行实践探索：计算思维如何落实到编程课程之中。在解决关卡任务过程中，首先将关卡任务目标这一大问题分解成若干相似的小问题，然后匹配相似小问题的相同部分以确定出模式，再识别相似部分的差异部分，抽象出解决一类相似小问题的解决方案，最后完成指令序列解决关卡任务。

如图4-20所示，以"西游：重复直到"一课为例，任务是让孙悟空躲避妖怪，顺利通过迷宫拯救唐僧。首先将任务分解成两个小问题：第一个是让孙悟空到达唐僧位置；第二个是孙悟空要躲避妖怪。在只考虑孙悟空到达唐僧位置的情况下，路线有两条。但是需要躲避妖怪，只能选择左侧路线。在路线确定的情况下，运动的方式只有"向前移动"和"转向"，也就是孙悟空的基本运动模式只有这两种，任何的运动路径都是由这两种基本模式构成，这就是模式匹配。在考虑路线的时候，我们只关注了路线上的妖怪，并没有关注其他区域的妖怪、孙悟空的移动速度等因素，这就是抽象。最后在构建具体步骤的时候运用了算法思维得出了具体的指令序列来解决问题。

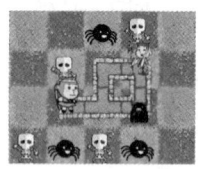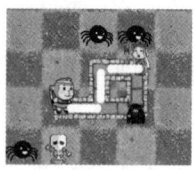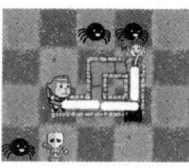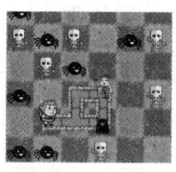

图 4-20 "西游：重复直到"编程示意图

（二）个人反思，完善计算思维培养的实践

建构主义认为，学习是个体将新的知识纳入原有知识框架，形成新的知识体系的过程。从个体的角度来看，知识是个人建构的过程，需要个体的投入和思考。在编程教育教师培养过程中，非常关注教师对教学过程的个人反思，目的是让教师对自己的教学行为有认知，使缄默知识显性化，进而有判断、能改善，再使得迭代升级的显性认知落实到教学实践中，从而让经验得以积累，实践不断改善。

为了促进教师自我反思，我们设计了"教学反思表"。如表 4-2 所示，以"松鼠·序列"为例，教师在执教前先对课堂教学进行规划，完成教学设计，然后根据教学设计执教后，再完成课堂教学体验或者他人评教结果完成教学反思，改进教学。在这节课中，教师的反思重点在于编程知识与生活之间的联系。在教学过程中，教师发现低龄段儿童难以理解"动作指令""移动指令"这些抽象的概念，因此在课上临时调整师生互动内容，以现实生活的例子引出编程指令，这是计算思维培养的重要策略，同时也有助于学生对编程知识的深入理解。

表 4-2 "指向计算思维培养的低龄段儿童编程"教学反思表

课题	松鼠·序列	
教学目标	已达成：理解"动作指令"和"移动指令"之间的关系	
	未达成：无	
	实际教学过程与教学计划的区别之处	计算思维培养说明
	在课堂新知环节，认识"动作指令"时，为了帮助学习理解，加入了学生举例部分，让学生说出日常生活中会用到的动作，比如：做体操时会用到的"跳"，体育课会用到的"拍"，还有日常生活中"吃东西"的"吃"。为了帮助学生理解"动作指令"和"移动指令"之间的关系，同样引用生活中的案例。比如，想要吃东西，那你就要自己走到食物旁边，也就是需要使用"移动指令"到达目的地，然后使用"动作指令"做你想做的事情。	计算思维的培养应更多地从生活中发掘案例进行引导。
收获	低龄段儿童理解抽象能力不足，需要借助现实生活的案例来说明编程指令。	
改进计划	整理低龄段儿童编程课程中所涉及的编程指令，建立能够恰当说明不同指令的生活案例资源集。	

（三）合作交流，探讨计算思维培养的经验

知识是在社会交往中产生、传递、更新的。即使从个体的角度看，其知识也是在社会交往中，通过联合化、内在化、外在化和社会化的过程得以丰富和发展。联合化即通过"显性—显性"的方式整合显性知识使其系统化的过程，也是知识量增加的过程；内在化是通过"显性—隐性"的方式实现知识的转化；外在化是通过"隐性—显性"的方式，通过个人的反思及归纳总结，将个人内在的、比较模糊的经验、认知表达为显性知识，并与他人交流，从而传递知识；社会化是通过"隐性—隐性"的方式实现知识的转化。[1]正是基于这样的知识创新和传递过程，中国教师的学校教研制度成为全世界教育研究者眼中上海教

---

[1] 刘永凤. 教师个人知识的内涵、构成与发展 [J]. 教育研究，2017(6)：101-106.

育成功的重要因素之一。① 因此，编程教育的师资培训非常注重教师之间的合作交流，将其作为群体知识积累和教师个人提升的重要途径。

"江南·循环"一课的教研活动就很好地体现了教师之间合作、研讨、交流的意义。如案例4-6所示，由于篇幅限制，我们对这次研讨进行了精简，取其中精华。

案例4-6 "江南·循环"教研活动片段

新教师A："江南·循环"这一课时，前面几个关卡任务是单一类型单个指令的循环，完成任务的首次正确率很高；到了第6关卡难度升级了，是多种类型多个指令的循环，首次正确率明显降低。这个教学难点怎么突破呢？

新教师B：是的，我也遇到这个问题，我觉得前面几个关卡是第6关卡的基础，所以着力巩固了前面几个，但是对第6个还是帮助不大。

教师C：我前面做过一个专题研究，就是有关循环的内容。我在让学生完成每一类关卡任务之前，先让他们做"体操"，通过动作了解不同类型循环的含义：先让学生每隔一秒钟拍一次手，这是单一类型单个指令循环；再让学生每隔一秒钟拍两次手，这是单一类型多个指令循环；最后让学生每隔一秒钟拍一次手，然后拍一次肩膀，这是多种类型的多个指令循环。虽然他们不一定知道每一种循环的名称，但是通过动作，这些循环的意思还是可以有直观感受的。这样，到了关卡，他们就很容易理解啦！当然，有时候他们还是看不出循环，我就让他们先不用循环完成任务，再观察步骤之间重复的痕迹，一般小朋友都可以发现隐藏的"秘密"。

教师D：明白啦！学生年龄太小，你这是用能看得见、能体会的动作，让他们先理解循环的意思，再迁移到编程任务中去啊！

---

① 赵小雅.教研制度：理直气壮的中国特色[N].中国教育报，2014-03-05.转引自朱小虎，张民选.教师作为终身学习的专业——上海教师教学国际调查（TALIS）结果及启示[J].教育研究，2019(7): 147.

> 新教师 A：下节课我也要试一试这个办法！
>
> 新教师 B：这种从具体到抽象，从现实到虚拟的教学方法，其他教学难点也可以尝试使用。

在这次教研活动中，可以清晰地看到新教师 A 首先提出难题，接着新教师 B 呼应这个难题，并且说明自己尝试过解决办法，但是无效。然后资深教师 C 介绍了自己的专项研究成果，具体地说明了该如何解决这一难题。难得的是，教师 D 基于教师 C 的方法进行了一些抽象和总结。更令人吃惊的是，新教师 B 学习能力非常强，从教师 C 的方法中进一步抽象出面对低龄段儿童解决教学难点的教学法，这种教学法就非常具有推广、辐射、迁移的价值。几位教师的研讨，充分地体现了在教师群体中从隐性知识变为显性知识，再变为大家共享的知识，然后抽象为可辐射迁移的知识的过程，知识的联合化、内在化、外在化和社会化均蕴含其中。

三、种子教师浸润式跟岗培训

师徒带教一直是我国新教师培养的重要机制，是教师职后培训的重要途径。师徒带教之所以有效，其原因在于教学是涉及方方面面的综合能力的体现，无论是教学显性知识的运用还是缄默知识的践行，都凝聚和体现在教师的日常教学行为之中，只有通过日常的观察和伴随式学习才能潜移默化地实现教学经验的传递。编程教育师资培训对师徒带教方法的运用，有两个方面的考虑：一是种子教师经验传递的方式，即通过师徒带教培养种子教师，再让种子教师发挥辐射作用，形成经验推广的涟漪效应；二是建立种子教师筛选、培养、评价的机制，以及备课、观摩、讨论的路径，从而增进种子教师培养的效果。

（一）筛选 - 培养 - 评价激励的种子教师培养模式

毋庸置疑，编程教育挑选教师时，主要以计算机专业背景的教师为主。因为他们可以轻松驾驭编程课程的教学内容，更容易理解教学内容与计算思维之间的联系，可以自然而然地在编程教育中培养孩子的计算思维。对于编程课程的新教师，除了按要求参加相关培训以外，还必须进行一段时间的师徒带教，进行贴身的伴随式培养。

1. 基于听评课活动记录表的新教师培养

低龄段儿童编程课程新教师的师徒带教重点在于课堂教学，一方面是教学的整体提升，全面学习；另一方面是基于新教师的发展需求，设立聚焦主题的项目，通过结合日常教学的研究和改进进行探索。无论是哪个方面，根本都在课堂教学，都以师徒之间的相互听课、评课为基础。因此，开发"指向计算思维培养的低龄段儿童编程课程听评课活动记录表"（表4-3），进行集合听课、课后讨论、成长记录三项活动记录，让发展有迹可循，让成长可以积累，提高师徒带教的效率，促进新教师培养。

如表4-3所示，"指向计算思维培养的低龄段儿童编程课程听评课活动记录表"主要参考了"康纳尔笔记"将提纲、笔记、总结分别记录的形式，以及"空雨伞笔记"将事实、解释和行动单独列出的形式。在编程课程听评课活动记录表中，教学内容和任课教师是背景信息；听课过程中可以填写教学内容、启发/评价；听课后的讨论中可以填写解释、讨论要点和结论，并完善启发/评价；讨论完毕后，再撰写启发总结/评价建议总结，改进计划/下一步观察重点。

表 4-3　指向计算思维培养的低龄段儿童编程课程听评课活动记录表

教学内容			任课教师	
教学过程			解释	启发/评价
讨论要点和结论				
启发总结/ 评价建议总结				
改进计划/ 下一步观察重点				

"指向计算思维培养的低龄段儿童编程课程听评课活动记录表"可以是新教师听导师课的记录表，也可以是导师听新教师课的记录表。除了共同的项目外，新教师听课，主要从启发、启发总结、改进计划的角度填写；导师听课，主要从评价、评价建议总结、下一步观察重点的角度填写。记录表写好，需要给对方查看，获得认可，师徒达成一致意见，以使得后期的改进行动有所依据。确定下一步的观察重点确实是新教师的教学痛点。

编程课程听评课活动记录表

<table>
<tr><td>教学内容</td><td>小画家：形状</td><td>任课教师</td><td>黄俊祎</td></tr>
<tr><td colspan="2">教学过程</td><td>解释</td><td>启发/评价</td></tr>
<tr><td colspan="2">1.课前复习：以询问的方式复习线段指令和跳跃指令的使用。
2.课堂导入：观察小画家兜兜绘制的图案，说一说有哪些形状。
3.课堂新知：讲解正方形和长方形的特点。
正方形的四条边是相等的，每条边所用到的线段指令的个数也是相等的。
长方形两条长相等，两条宽相等，长边所用到的线段指令的个数是相等的，短边所用到的线段指令的个数是相等的。
4.课堂练习：学生使用线段指令和跳跃指令完成形状绘制的关卡练习。其中会讲到规定绘画方向和两个正方形组合成一个长方形。
5.总结评价：拓展学生思路，思考如何不走重复的路线，用两个正方形组合成一个长方形。</td><td>绘画方向决定了线段指令的序列</td><td>课堂导入时还可使用儿童简笔画或者七巧板组合图形来引入形状。</td></tr>
<tr><td>讨论要点和结论</td><td colspan="3"></td></tr>
<tr><td>启发总结/
评价建议总结</td><td colspan="3">教学过程思路清晰，始终围绕教学目标，
总结评价环节的内容设定兼具开放性和针对性。</td></tr>
<tr><td>改进计划/
下一步观察重点</td><td colspan="3"></td></tr>
</table>

编程课程听评课活动记录表

<table>
<tr><td>教学内容</td><td>小画家：形状</td><td>任课教师</td><td>黄俊祎</td></tr>
<tr><td colspan="2">教学过程</td><td>解释</td><td>启发/评价</td></tr>
<tr><td colspan="2">1.课前复习：通过询问的方式复习线段相关指令的使用。
2.课堂导入：先让学生说知道的形状，然后再观察图案从中找到基本形状。
3.课堂新知：正方形四条边相等，即每条边所用到的线段指令的个数是相等的。长方形两条长边相等，两条短边相等，即长边/短边所用到的线段指令的个数是相等的。
4.课堂练习：学生使用线段指令和跳跃指令完成形状绘制的关卡练习。其中会讲到规定绘画方向和两个正方形组合成一个长方形。
5.总结评估：用两个正方形组合成一个长方形，如何通过不走重复的路线实现。</td><td></td><td>引导学生先说，然后再观察去找形状，可以掌握学生对形状的认识情况，有助于接下来教学的开展和进度把控。</td></tr>
<tr><td>讨论要点和结论</td><td colspan="3"></td></tr>
<tr><td>启发总结/
评价建议总结</td><td colspan="3">课堂导入环节的内容符合学生认知规律，学生参与度高，课堂气氛活跃。</td></tr>
<tr><td>改进计划/
下一步观察重点</td><td colspan="3"></td></tr>
</table>

图 4-21　指向计算思维培养的低龄段儿童编程课程听评课活动记录表实图

以上都是对"江南：循环"一课进行的听评课活动记录表，左边是导师听新教师课的记录表，右边是新教师听导师课的记录表。从两表内容的对比中可以看出，导师指出："总结评估时，可以让学生们先对所学内容进行总结，并举例说明，教师再进行总结。"可见，教师对学生的尊重和引导，体现在每一个细节之中。新教师从导师的课中学习到了"从生活的角度出发"引出知识，同样是观察到了导师对学生基础的重视。这对师徒配合得非常默契，"眼中有学生"是他们共同追求的目标。

2. 依据过程性评估的新教师成长激励策略

目前，评价已经从"对……的评价"发展到"为了……发展的评价"，以及"作为……进程一环的评价"。根据这一理念，编程课程将评估作为新教师专业持续成长，教学质量持续提升的重要一环。通过过程中阶段性的评估，让新教师看到自己的成长足迹，形成自我反思、自主发展的习惯。

基于新教师成长过程可见的原则，制订了"新教师学习帮扶情况进度表"并交由导师填写。如前所述，低龄段儿童编程教育新教师培养聚焦两个方面，一是教学整体情况，二是聚焦短板的项目研究。因此，在"新教师学习帮扶情况进度表"上也体现了这两个块面的成长过程记录，表格主要分为总体评价、实施项目评价、说课情况、上课情况、其他五大块面，其中上课情况权重最大，又分为准备工作是否充分、课堂管理效果如何、课堂实施是否明确三个维度。"新教师学习帮扶情况进度表"每月填写一次，每次都反馈给新教师。这是对新教师的过程性评估，也是促进新教师反思的支持性工具，更是对新教师专业成长的激励。

表4-4 新教师学习帮扶情况进度表（实录一）

新教师	***	导师	***	日期	2021.3
总体评价	能够完成教学内容，教学目标需时刻明确并有效实现，课堂气氛需注意调动。				
实施项目	课堂教学中如何带动学习气氛的探索。				
项目评价	采用对积极互动的学生进行口头表扬的方式，能够起到一定的带动学习气氛的作用，还需加强。				
说课情况	整体良好				
上课情况					
准备工作充分情况	教学设计：良好；课件：良好				
课堂管理效果情况	纪律良好，需要注意创设积极的课堂气氛。				
课堂实施是否明确	教学目标明确，教学有序。				
其他情况					

表4-4是一位新教师的帮扶情况，新教师已达到基本的教学标准，在目标、内容和环节设置上表现良好。导师对他的担心主要是课堂气氛的调动方面，虽然他注意了用表扬的方式鼓励积极互动的同学，但是课堂整体氛围还需要加强。因此，设计了"课堂教学中如何带动学习气氛的探索"这一研究项目，进行专门探索。

表4-5 新教师学习帮扶情况进度表（实录二）

新教师	***	导师	***	日期	2021.6
总体评价	教师应变能力强；学生兴趣浓厚，参与度高，教学目标能够如期达成。				
实施项目	课堂教学中如何带动学习气氛的探索。				
项目评价	用"兜兜"小贴纸鼓励积极参与的学生；在讲解重要知识的时候，用到了比较夸张的肢体动作和富有感染力的语言；另外在学生进行关卡练习过程中，走近学生观察情况，及时给予了赞扬与指导，充分带动了学习气氛。				

续表

说课情况	整体优秀
上课情况	
准备工作充分情况	教学设计：优秀；课件：优秀
课堂管理效果情况	课堂气氛积极活跃，能够应对课堂上的突出情况。
课堂实施是否明确	教学目标能够如期达成。
其他情况	

表 4-5 是同一个新教师在教学三个月后，导师对他的跟进评价。经过三个月的学习和实践，这位新教师不仅在教学设计和课件制作上有进步，在研究项目"课堂教学中如何带动学习气氛的探索"上也取得了较大进展。他开始使用小贴纸等来奖励学生，用夸张的肢体语言和富有感染力的语调来影响学生，在学生自主完成任务时，也会注意观察、针对性指导和表扬，从而增进了师生关系，有效营造了良好的学习气氛。

（二）集体备课－观摩－讨论的专业循环提升策略

除了师徒带教，编程教育新教师还在更大的集体教研、互动讨论的环境中成长。备课、上课、听课、课后反思等一系列的活动不仅使新教师快速发展，其他教师也受益良多。

1. N-1-N 的教研路径

为了发挥集体的力量，同时也尊重每个教师的特点，编程教育采用 N 到 1 再到 N 的教研路径。先让每位教师都动脑筋、想办法，各自进行教学设计，然后进行集体备课，集中讨论，组合出一种最优的教案供大家参考。接着每位教师在共同教案的基础上进行个人化处理，上课听课。最后进行课后集中讨论反思，结合课堂教学实践提出改进方案。

在这一过程中,我们开发了统一的"教学设计表(备课表)""听评课活动记录表"。"教学设计表"和"听评课活动记录表"配合使用,就使得备课、听评课、课后讨论、后续行动计划相互匹配,使教研活动的成果由教学改进的行动跟进,使行动的改进有教研结论作为依据。

2. N-1-N教研案例

以表4-6所示的"小画家·几何图形"这节课为例。教研活动之前,两位老师分别进行课堂教学设计,并在教研组内分享。以此为基础,第一次教研活动在线上进行,主要是针对教师A和教师B的课堂教学设计提出修改意见。

表4-6 "小画家·几何图形"教学过程实录(教师A)

教学过程	计算思维培养
1. 课前复习:出示"小画家·序列"的关卡,复习线段指令和跳跃指令的使用。 2. 情境创设: 　　:我是小画家"兜兜",最喜欢画画了,我会用图形画图呢! 　　:真棒啊,在电脑上用编程来画图形画你会吗?想知道的小朋友跟我一起来看看吧! 3. 问题确定:出示平台关卡1,可以看到任务是完成正方形的绘制。 4. 方案探究: 既然是正方形,那正方形都有什么特点呢?(正方形的四条边是相等的,四个角也是相等的)正方形的每条边都相等,就代表绘制正方形,每条边所用到的线段指令的个数也是相等的。那长方形有什么特点呢?(两条长相等,两条宽相等,四个角也是相等的)	

教学过程	计算思维培养
5. 编程实践：本节课总共有 8 个关卡任务，学生需要使用线段指令和跳跃指令来完成图形的绘制。其中： （1）关卡 1 和关卡 2 正方形的绘制 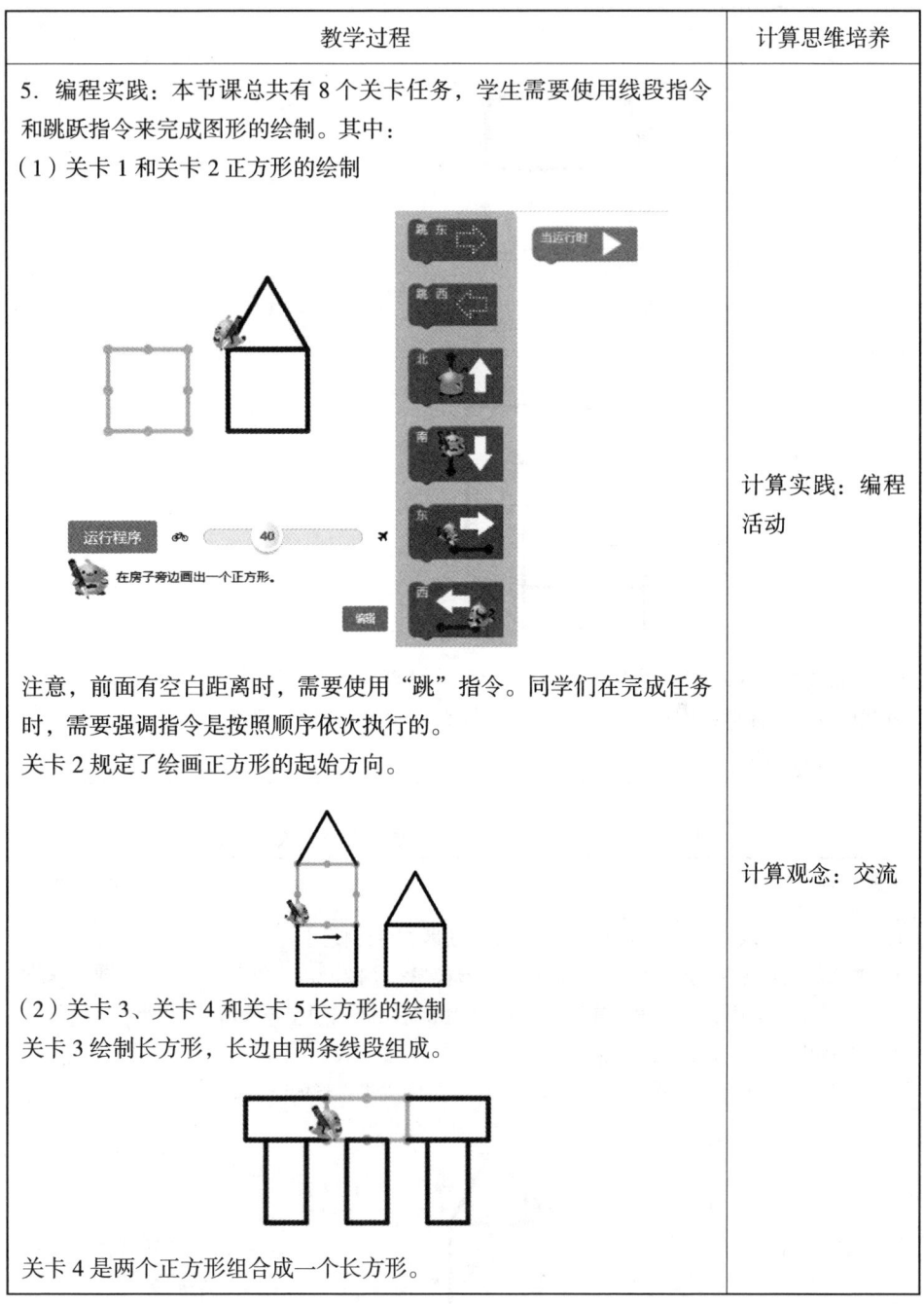 注意，前面有空白距离时，需要使用"跳"指令。同学们在完成任务时，需要强调指令是按照顺序依次执行的。 关卡 2 规定了绘画正方形的起始方向。 （2）关卡 3、关卡 4 和关卡 5 长方形的绘制 关卡 3 绘制长方形，长边由两条线段组成。 关卡 4 是两个正方形组合成一个长方形。	计算实践：编程活动 计算观念：交流

续表

教学过程	计算思维培养
关卡 5 规定了绘画长方形的起始方向，并且每条长边需要使用 3 条线段来完成。 6. 评价优化：提问学生这节课学习了什么？在计算机上完成画图的游戏任务时，你遇到困难了吗？在哪一关遇到了问题？如果遇到了，你是怎么解决的？	

表 4-7 "小画家：形状"教学过程实录（教师 B）

教学过程	计算思维培养
1. 课前复习：以询问的方式复习线段指令和跳跃指令的使用。 2. 课堂导入：先来问问大家，都知道什么形状呢？（圆形、三角形、正方形等）生活中其实有很多东西都是可以用形状来表现的。今天就来在编程中见识一下形状的力量。 3. 课堂新知：出示平台关卡 1，可以看到任务是完成正方形的绘制。	计算实践：编程活动 计算观念：处理问题

续表

教学过程	计算思维培养
既然是正方形，那正方形有什么特点呢？（正方形的四条边是相等的，四个角也是相等的）正方形的每条边都相等，就代表绘制正方形，每条边所用到的线段指令的个数也是相等的。 那长方形有什么特点呢？（两条长相等，两条宽相等，四个角也是相等的） 4. 课堂练习：本节课总共有 8 个关卡任务，学生需要使用线段指令和跳跃指令来完成图形的绘制。其中： （1）关卡 3 长方形的绘制 （2）关卡 4 两个正方形可以组合成一个长方形 	

续表

教学过程	计算思维培养
本关卡指令序列不唯一,可以让学生尝试多种做法去实现。 5. 总结评估:出示平台关卡4,让学生想一想,刚才在规定起点的情况下用两个正方形组合成一个长方形,必须要走重复的路线才能完成。 如果没有规定起点,那可不可以不走重复的路线,用两个正方形组合成一个长方形呢?	

线上研讨过程中,大家一致认为:教师 A 的设计突出"情境"的引入,"评价优化"环节引导学生总结和反思,值得借鉴。教师 B 的设计较为"传统",关注儿童对形状的认识,为儿童提供更具挑战性的思考题,也是很好的思路。与此同时,还有老师提出,课堂导入部分可以更加情境化,比如画一个小房子,让学生指出图形。最终,结合两位老师的教学设计和教研组教师的建议,在教研组内形成了有关"小画家·几何图形"的统一课堂教学设计,作为所有教师教学的基础。通过第一次线上教研活动,完成了从 N 到 1 的过程。

第二次教研活动在线下进行,由教师 C 根据第一次教研活动确定的教学设计进行教学展示,其他教研组成员听课、讨论。参与听课的教师均填写"编程课程听评课活动记录表",从教学展示中获得启发,进而开展 N 中不同的课堂教学,实现从 1 到 N 的多样化拓展。

编程课程听评课活动记录表

教学内容	小画家：形状	任课教师	黄俊祎
教学过程		解释	启发/评价
1. 课前复习：以询问的方式复习线段指令和跳跃指令的使用。 2. 课堂导入：观察小画家兜兜绘制的图案说一说有哪些形状。 3. 课堂新知：讲解正方形和长方形的特点。 正方形的四条边是相等的，每条边所用到的线段指令的个数也是相等的。 长方形两条长相等，两条宽相等，长边所用到的线段指令的个数是相等的，短边所用到的线段指令的个数是相等的。 4. 课堂练习：学生使用线段指令和跳跃指令完成形状绘制的关卡练习。其中会讲到规定绘画方向和两个正方形组合成一个长方形。 5. 总结评价：拓展学生思路，思考如何不走重复的路线，用两个正方形组合成一个长方形。		绘画方向决定了线段指令的序列	课堂导入时还可使用儿童简笔画或者七巧板组合图形来引入形状。
讨论要点和结论			
启发总结/ 评价建议总结	教学过程思路清晰，始终围绕教学目标， 总结评价环节的内容设定兼具开放性和针对性。		
改进计划/ 下一步观察重点			

编程课程听评课活动记录表

教学内容	小画家：形状	任课教师	黄俊祎
教学过程		解释	启发/评价
1. 课前复习：通过询问的方式复习线段相关指令的使用。 2. 课堂导入：先让学生说知道的形状，然后再观察图案从中找到基本形状。 3. 课堂新知：正方形四条边相等，即每条边所用到的线段指令的个数是相等的。长方形两条长边相等，两条短边相等，即长边/短边所用到的线段指令的个数是相等的。 4. 课堂练习：学生使用线段指令和跳跃指令完成形状绘制的关卡练习。其中会讲到规定绘画方向和两个正方形组合成一个长方形。 5. 总结评估：用两个正方形组合成一个长方形，如何通过不走重复的路线实现。			引导学生先说，然后再观察去找形状，可以掌握学生对形状的认识情况，有助于接下来教学的开展和进度把控。
讨论要点和结论			
启发总结/ 评价建议总结	课堂导入环节的内容符合学生认知规律，学生参与度高，课堂气氛活跃。		
改进计划/ 下一步观察重点			

图 4-22 “小画家·几何图形”听评课活动记录表实图

以图 4-22 中的两份"编程课程听评课活动记录表"为例，一位教师认为，课堂导入用小房子卡通画非常好，还让他想到用七巧板组合图形来进行导入；另外一位老师认为，这节课先让学生说了解的形状，再从图案中找基本图形，可以掌握学生对形状的认识情况，有助于后续教学开展和进度把控。这种基于学情开展教学的意识不仅对"小画家·几何图形"这节课，对于其他主题的课程也非常有帮助。可以预见，这两位老师将在自己的课堂上有更大的创新，教出自己的风格。

第三节 家校互动

一、及时互动，让家长成为课程的信任者

家校互动指的是父母与教师进行沟通互动，包括教师与家长之间的协调、合作，针对孩子的问题做积极正面和有效的互动，是促进教育效能的必要条件。中国、美国和欧洲的许多研究一致指出，家庭与学校的伙伴关系越密切，跨界行动越频繁，越能改进学校教育质量，提升父母家庭教育水平，更重要的是能够促进儿童的教育获得。[1] 良好的关系从信任起步，信任的基础是彼此熟悉。教师和家长之间围绕孩子及时、频繁的沟通互动，减少了陌生感和隔阂，让家长更放心地把孩子交给老师。信息化时代，微信、钉钉等一些网络社交平台是非常好的家校沟通工具。如图 4-23 所示，编程课程的老师主要通过建立微信群，及时发布与课程学习有关的通知、任务、展示、反馈等，促进网上学习共同体的形成。

---

[1] 张俊，吴重涵，王梅雾.家长和教师参与家校合作的跨界行为研究——基于交叠影响域理论的经验模型[J].教育发展研究，2018(2)：79.

图 4-23 儿童编程课程家校沟通微信记录节选

家长信任课程的关键之一在于，相信孩子通过课程能够学到知识、提高能力。因此，编程教师非常关注学生学习成果的收集和展示，每节课后都会通过微信群发布学生的学习成果，让家长及时了解孩子的学习情况和成效，让家长安心、放心。对于已完成的看得见的编程成果，编程教师会将成果直接发到群里；对于还未完成的或者看不见的知识积累，则用拍摄学生学习和讲解视频等方式让家长看到。学生成果发布之后，附上教师的鼓励和评价，让家长看到每一个孩子的进步。

一般来讲，编程课程的大部分学生成果都通过微信群发送。这是因为教师希望通过学生学习成果展示的方式，起到良性的引导作用，促进相互学习，在网络上形成家校合作学习共同体。但是，对于存在较大问题的学生作品，则选择与家长私信沟通，共同寻找根源，制订方案，解决问题。

如图 4-24 所示，每一级课程结束，都会颁发课程结业证书，这意味着学生在这一级课程学习中获得了不错的成绩，得到了认可。满满的仪式感增强了孩子对编程教育的归属感，增强了学习效能感和学习自信。这种正面的情绪一定会向家长传递，增强家长的获得感。

图 4-24　颁发"指向计算思维培养的低龄段儿童编程"课程结业证书照片

低龄段儿童编程课程确实取得了家长的信任。在问卷调查中，有的家长反馈说，编程课程有助于孩子良好学习习惯的养成，"从作品完整性构建到具体的程序功能实现，每个环节对孩子都有着不同的考验，对培养孩子耐心、细心、专心、信心都大有脾益"。有的家长反馈说，编程课程有助于孩子其他课程的学习，"编程从侧面引导儿童多学科联动完成一件事：你要会认字才能读懂这个小拼块的作用，你要会数学才能控制机器人走几步，你要会拼音才能打出让机器人说的话。这样一来，他就会明白语文、数学、英语这些课程，都是将来实实在在用得上的知识，可以提高他的学习热情"。当然，更多家长体验到了编程课程对孩子思维，尤其是计算思维的影响，"从孩子的兴趣出发，启发和引导孩子认真深入地进行逻辑思维分析。学习编程后，对于逻辑能力、分析能力、时间概念有了更深的理解。做好事前准备，遇到问题不再一味的求助，学会自己先想一想，哪里能够改变"，"（编程课程让）编程思想可以在幼儿的心灵中根植下来，让他明白这么多奇妙的东西都可以通过软件编程来实现"。

二、有效互动，让家长成为课程育人的伙伴

立德树人是教育的根本任务，编程课程是育人的载体之一。通过编程教育，要培养孩子的计算思维，掌握编程的知识，同时，也希望能够引导他们关注社会

现象和问题，为培养社会责任感、社会交往能力奠定基础。孩子的年龄越小，家长在孩子成长上的影响力越大。低龄段儿童编程教育中，无论是具体的知识学习，还是育人目标的达成都需要教师和家长的密切配合，建立育人的伙伴关系。

（一）引导家长认同课程育人理念

儿童编程教育是近几年才逐渐流行起来的新生事物，很多家长对编程教育的育人意义存疑。有的家长认为，小朋友在课上把知识点掌握就可以了，能做对题、完成课内任务，就万事大吉了；有的家长认为，上课就是为了学习更多的知识，不要那么多花哨的讨论、展示，浪费时间；甚至有些家长认为，小朋友不需要学习编程，这应该是大学才学习的。

面对这样的情况，低龄段儿童编程课程在家校互动上做了三项工作：一是面向全体家长宣传低龄段儿童编程课程的育人理念，主要通过家长会、告家长书等方式，说明编程教育在小朋友成长中的意义。举例来说，低龄段儿童的编程教育不是要学一门技能，甚至不是仅仅学习一些知识，更重要的是接触和掌握一些基本的编程技能背后所代表的思维方式，比如多个指令循环中，对"一组"作为"整体"的理解。

二是面向有意愿的部分家长进行课堂教学展示活动。让家长看到课堂上各种不同教学方法在育人上的侧重点和优势，争取家长的支持。比如小组合作学习时，家长可以看到孩子踊跃的发言、积极的合作、密切的配合、强烈的小组荣誉感和优秀的作品，更能体会社会性交往的重要意义和力量。

三是面向少数不理解的家长进行单独交流。针对家长的疑问和疑惑，进行针对性的解答。比如小学的编程课程有自己寻找主题进行编程的内容，区域还组织了成果的征集和评选。有些孩子的编程作品很好，但是主题与实际生活没有密切联系，或者没有很好的立意，因此很难获得较高的奖项。针对这种情况，低龄段儿童编程课程就会作出特别说明，将培养计算思维解决实际问题，培育社会责任感加以强调和突出，将其作为进行信息技术操作和改进的目的。

（二）引导家长配合课程提升教学效果

知识的学习最好是堂堂清，以免造成问题的积累，积重难返。因此，编程课程非常注重对孩子学习效果的观察、评价，并基于此及时与家长沟通，增加针对性练习。编程课课堂是以关卡的形式进行，关卡的正确与否能够反映出学生对本节课知识的理解与掌握情况，另外作品练习能够反映出学生对阶段性知识的掌握和综合运用。由于学习风格的差异，对低龄段儿童的编程教育上，不同的学生会遇到不同的学习难题。总结起来主要有以下几项：没有良好的学习习惯，在教师讲解知识时，学生却尝试完成课堂关卡练习；缺乏学习编程的兴趣，课堂上不能积极主动地完成教学内容；性格较内向的学生，遇到无法解决的问题不会及时向老师或者同学寻求帮助，以致跟不上课堂的整体进度；不能较好地实现所学知识的迁移；此外，还会出现自律性问题等。

面对这些难题，编程课程开发了针对性的补充练习。比如，在知识的迁移方面，会适量增加一定数量的任务练习；在学习习惯养成方面，主要通过增强课堂互动的方法来解决，引导学生积极主动的参与课堂互动。但是，编程课程属于兴趣特长的教育，一般在基础的学校课程之后进行，时间有限。与此同时，集体教学环境下，也难以实现照顾每个学生个性特点的个体化学习。因此，需要家长的配合，将补充练习及时在家完成。在学习"江南·循环"一课时，学生能够独立完成单一类型单个指令循环的任务，对于单一类型多个指令循环的任务，却容易犯错。针对这一问题，会及时联系家长，反馈学生的课堂学习情况，并争取家长配合。如图4-25所示，我们会建议家长在

图4-25 低龄段儿童编程课程学习反馈单

· 第四章　保障篇 ·

家里对课堂所学内容及时进行复习巩固，并完成补充练习。课前教师会检查学生的练习情况，并在课堂上及时关注学生的表现。

每一级编程课程结束后，我们还会针对学生的学习情况出具综合质量分析报告反馈给家长，包括成绩分析（总体情况分析）、核心素养达成度分析。其中，成绩分析为所有在读编程课程儿童平日的课堂学习情况以及作品练习情况。核心素养达成度分析从设备及计算系统、计算思维及算法、网络和因特网、数据和分析、计算机科学的影响五个方面绘制"雷达图"，给出分析结果。比如图4-26中展示的"雷达图"，说明这个学生在计算思维及算法上极具优势，在数据和分析上有很大问题。教师会和家长进一步联系，制订教学补充方案，让孩子快速跟上学习进度。

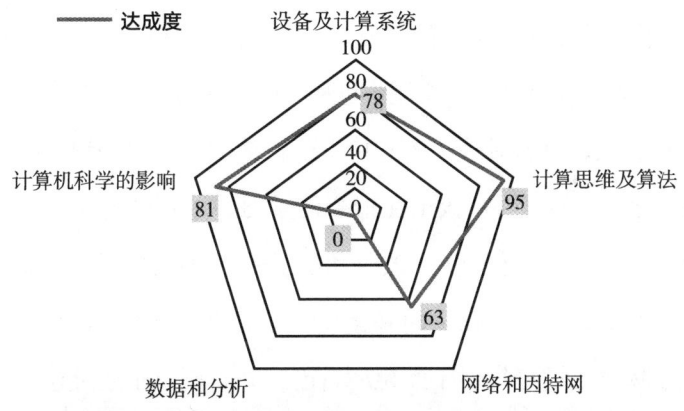

核心素养	达成度
设备及计算系统	78%
计算思维及算法	95%
网络和因特网	63%
数据和分析	0
计算机科学的影响	81%

图 4-26　低龄段儿童编程课程学习分析结果"雷达图"

三、拓展互动，让家长成为课程建设的资源

作为编程教育的重要组成部分，在低龄段儿童编程的课程学习之余，我们非常鼓励家长和儿童之间的互动，强调家长引导儿童在生活中留心观察、发现和解决问题，从而进一步培养计算思维以及儿童的社会责任感。当儿童遇到困难时，家长会引导和协助孩子完成任务；家长遇到困难时，也会咨询编程老师，由编程老师给予解答和辅助。这样，用任务驱动的方式，家长自然成为孩子在编程课程上的第二导师。

家长对孩子的支持几乎是全方位、全过程的，有家长反馈："每天我们和乐乐都在共同实践和完善作品，有时候做着做着发现和预想的结果不一样，于是回退、重新讨论、重建……这不仅仅是一个作品制作的过程，更是我们父母和孩子的亲子互动时间，增加了沟通交流，也从小朋友的角度去共同完成这个作品。"

很多家长反映，自己对孩子的支持不仅仅体现在编程知识和技术上，更重要的是心理的支撑和陪伴，"孩子在指令的学习、话题的选择、编故事、最后的配音都有参与。有利于亲子关系改善和孩子逻辑思维的锻炼。（1）作为家长，没有接触过这些编程语言，孩子的兴趣和坚持促使家长开始这个新的项目，家长为了给孩子树立好的榜样，不断挑战自己，并希望孩子通过这个活动让孩子勇于尝试和坚持并且做到最好。（2）发掘小朋友的自学能力。（3）更多地陪伴孩子，鼓励孩子坚持到底。（4）小朋友讲故事不够完整，思维不够严谨的时候如何说服和沟通让他接受大人的意见。作品完成的一段时间，小朋友积极参与到生活中的垃圾分类中"。小朋友们显然也体会到家长给自己加油鼓劲，"爸爸妈妈一直陪伴我，鼓励我。他们告诉我：'凡事要坚持，不放弃'"。

更让人意想不到的是，一些家长还从完成编程任务的陪伴中对孩子进行问题解决的指导，"值得一提的是，在编程过程中不可避免地会遇到各种问题。我

们家长也通过本次活动机会，将解决两类常见问题的方法模型以潜移默化的方式初步教给了小朋友。一类是恢复型问题：即原来挺好，现在没原来好了；可以用比较法来解决。还有一类是理想型问题：即未来要比现在更好；可以用穷举法来解决。尽管他听得有些懵懵懂懂的，明显还没有理解，但至少也是种下了一颗种子，在以后的某个时点可以发芽生长，静待花开的种子"。

更有一些有能力的家长在编程任务完成后，还继续跟进，主动为孩子设置补充课程，"'童心创智'杯编程创意活动虽然结束了，但是星星的编程之路才刚刚开始，依然不停歇地搭建编程，让其在动手和动脑的过程中逐步提高逻辑思维的能力。每周我们还安排了亲子互动的图形化编程的时间，通过编程把生活中的各种奇思妙想带到故事及游戏中，让梦想变成现实"。

编程教育以项目驱动的方式，充分挖掘家长资源，不仅让孩子得到更加有针对性、更加全面的指导，而且增进了亲子关系。家长们纷纷表示，自己也有很大收获，"作为女儿的父母，也是乐在其中，一起全程参与了这项活动，如果说这项编程活动是对女儿的一个启蒙，作为父母也在这次活动中得到了很多体验，与女儿一起动手动脑的学习经历，一起学习演示讨论的经历，都是一种不可多得的体验"。

第五章 评价篇

评价是计算思维得以推广和发展的关键环节。在计算机科学领域，自计算思维概念提出并得到广泛关注后，计算思维评价也逐渐成为研究的热点。格罗弗（Grover）和佩亚（Pea）指出，一旦儿童参加了旨在发展计算思维的课程，我们应如何评估课程成效，我们期望他们获得什么或能做得更好？如果缺乏必要的评价，计算思维很难成功进入K—12教育。[①] 为此，在过去的十余年中人们就如何开展计算思维评价工作作了许多探索。本篇章主要围绕计算思维评价的方法与实践进行阐述。第一部分，详细介绍了学界研究成果中几种常用的计算思维评价方法及其特点；第二部分，借鉴多种评价取向的思路，采用实证研究探讨了低龄段儿童计算思维发展的状况，并同时检验了指向计算思维能力培养的低龄段儿童编程课程的教学效果。

第一节 计算思维评价的方法

近年来，随着学界对计算思维研究的不断深入，对计算思维评价的研究也取得了一定进展。研究者们根据不同目的提出了许多评价计算思维的方法。这其中，一些研究者关注学生在知识概念上的掌握情况，通过分析他们在特定编程环境中的静态作品来测量计算思维。[②③] 另一些研究者则认为，基于编程

---

① GROVER S. PEA R. Computational thinking in K-12: A review of the state of the field[J]. Educational Researcher, 2013, 42(1): 38-43.

② BRENNAN K. RESNICK M. New frameworks for studying and assessing the development of computational thinking[C]. Annual American Educational Research Association Meeting. Vancouver, BC, Canada, 2012:1-25.

③ SETTLE A. GOLDBERG D. S. BARR V. Beyond computer science: computational thinking across disciplines[C]. ACM Conference on Innovation and Technology in Computer Science Education. New York, USA, 2013: 311-312.

作品的内容分析法并不适用于未学过编程的学生，也无法用于教学效果检验。因此，这些研究者主张设计伪代码（Pseudo-code）测验来考查学生的计算思维。[1][2] 还有一些研究者强调非认知技能的重要性，侧重于通过调查态度或情感倾向等来刻画学生的计算思维水平。[3][4] 根据唐（Tang）等人[5]的总结，以下将详细介绍档案袋评价法、访谈法、问卷调查法、测验法这四种计算思维评价方法，同时比较和分析这些方法的优缺点及适用性。

一、档案袋评价法

（一）档案袋评价法概述

档案袋评价法（Portfolio Assessment）是一种常规的计算思维评价方法。它通过系统搜集和分析学生编程作品中的相关信息来实现评价的目的。采用档案袋评价法通常关注学生对计算概念的理解。[6][7] 其核心在于寻找有效的证据去

---

[1] CHEN G. SHEN J. BARTH-COHEN L. et al. Assessing elementary students' computational thinking in everyday reasoning and robotics programming[J]. Computers & Education, 2017, 109:162-175.

[2] ROMAN-GONZALEZ M. PEREZ-GONZALEZ J. C. JIMENEZ-FERNANDEZ C. Which cognitive abilities underlie computational thinking? Criterion validity of the computational thinking test[J]. Computers in Human Behavior, 2017, 72:678-691.

[3] KORKMAZ Ö. CAKIR R. ÖZDEN M. Y. A validity and reliability study of the computational thinking scales (CTS)[J]. Computers in Human Behavior, 2017, 72:558-569.

[4] KUKUL V. KARATAS S. Computational thinking self-efficacy scale: Development, validity and reliability[J]. Informatics in Education, 2019, 18(1): 151-164.

[5] TANG X. YIN Y. LIN Q. et al. Assessing computational thinking: A systematic review of empirical studies[J]. Computers & Education, 2020, 148: 103798.

[6] BRENNAN K. RESNICK M. New frameworks for studying and assessing the development of computational thinking[C]. Annual American Educational Research Association Meeting. Vancouver, BC, Canada, 2012:1-25.

[7] MORENO-LEON J. ROBLES G. ROMAN-GONZALEZ M. Dr. Scratch: Automatic analysis of scratch projects to assess and foster computational thinking[J]. Revista de Educación a Distancia, 2015, (46):1-23.

解释和推断学生的计算思维水平。当前的研究主要是对编程作品中所用的代码进行内容分析，并在此基础上建立一个明确的评分标准，以此作为推断的证据。

按照评分方式的类型，这类研究大体可以分为人工评分和自动评分两类。人工评分依赖研究者或相关领域的专家根据制订的评分标准对学生编程作品的代码进行评分。例如，塞特（Seiter）和福尔曼（Foreman）从学生的 Scratch 作品出发构建了证据变量和设计模式变量两个评分规则，用于分析学生的计算思维进阶。[1] 自动评分通常需借助计算机或有关的网络应用程序来实现评分的功能。例如，莫雷诺·利昂（Moreno-León）等人开发了一款免费开源的网络应用程序——Dr. Scratch。[2] 它可以从抽象和问题分解、并行、逻辑思维、同步、流程控制、用户交互和数据表征等七个维度对 Scratch 作品进行解析，并能为教师和学生提供自动分析与评定作品的服务。

类似的研究还包括维纳（Werner）等人基于 Alice 开发的精灵评价（The Fairy Assessment）[3]、冯·旺根海姆（Von Wangenheim）等人基于 CodeMaster 网络应用程序分析 App Inventor 和 Snap! 作品的研究[4]，以及大田（Ota）等人设计

---

[1] SEITER L. FOREMAN B. Modeling the learning progressions of computational thinking of primary grade students [C]. Proceedings of the 9th Annual International ACM Conference on International Computing Education Research (ICER 2013). ACM, New York, America, 2013: 59-66.

[2] MORENO-LEON J. ROBLES G. ROMAN-GONZALEZ M. Dr. Scratch: Automatic analysis of scratch projects to assess and foster computational thinking[J]. Revista de Educación a Distancia, 2015, (46): 1-23.

[3] WERNER L. DENNER J. CAMPE S. et al. The fairy performance assessment: Measuring computational thinking in middle school [C]. Proceedings of the 43rd ACM technical symposium on Computer Science Education. ACM, 2012: 215-220.

[4] VON WANGENHEIM C. G. HAUCK J. C. DEMETRIO M. F. et al. CodeMaster--Automatic Assessment and Grading of App Inventor and Snap! Programs[J]. Informatics in Education, 2018, 17(1): 117-150.

Ninja Code Village 学习环境自动评定 Scratch 作品的研究[1]等。下面以塞特和福尔曼的研究为例,具体介绍他们如何制订评分标准来评价学生的计算思维。

(二)塞特和福尔曼的研究

为测量计算思维,塞特和福尔曼从证据变量、设计模式变量和计算思维概念三个方面构建了一个早期计算思维进阶模型(Progression of Early Computational Thinking, PECT)。[2] 其中,证据变量是在 Scratch 中有排序特征的积木代码,包括外观、声音和运动等 13 个变量。设计模式变量是一组包含动画的形态、运动和聊天等在内的 6 种通用编程模式的情境。计算思维概念是理解学生整体计算思维水平的方式,涉及过程和算法、问题分解、并行和同步、抽象以及数据表征。

根据这个框架,他们首先建立了一个证据变量的评分标准。这个评分标准以学生编程作品中使用的代码语句作为证据。如表 5-1 所示,在"外观"这个证据变量中,如果学生使用了"说"或"思考"这类代码,则得 1 分,属于基本水平;使用了"下一个造型""显示""隐藏"这类代码,则得 2 分,属于发展水平;使用了"换成……造型"或"设置/改变颜色、大小等"这类代码,则得 3 分,属于熟练水平。

---

[1] OTA G. MORIMOTO Y. KATO H. Ninja Code Village for Scratch: Function Samples/Function Analyser and Automatic Assessment of Computational Thinking Concepts [C]. 2016 IEEE Symposium on Visual Languages and Human-Centric Computing (VL/HCC). IEEE, United Kingdom, 2016: 238-239.

[2] SEITER L. FOREMAN B. Modeling the learning progressions of computational thinking of primary grade students [C]. Proceedings of the 9th Annual International ACM Conference on International Computing Education Research (ICER 2013). ACM, New York, America, 2013: 59-66.

表 5-1　证据变量的评分标准

	1分，基础水平	2分，发展水平	3分，熟练水平
外观	说、思考	下一个造型、显示、隐藏	换成……造型、设置/改变颜色、大小等

在塞特和福尔曼看来，证据模式只能反映学生的编程知识，要测量计算思维能力还需进一步分析学生在特定情境的表现。为此，他们针对设计模式变量又制订了一个评分标准：1分，基础水平：学生对设计模式和大多数编程知识、技能有一个功能性的理解；2分，发展水平：学生对设计模式及其大部分编程知识、技能有较高的理解；3分，熟练水平：学生对设计模式及编程知识、技能有一个完整的理解。表 5-2 所呈现的是一个对话情境。如果学生在完成这个作品时选择一个角色独白，那么在使用"序列和循环"代码时，得1分（基本水平）；但如果选择的是状态同步——通过条件语句来实现状态的转换，那么在该代码上得3分（熟练水平）。

表 5-2　设计模式变量的评分标准

对话	基础	发展	熟练	
	独白	时间同步对话	状态同步	事件同步
序列和循环	1	1	3	1
外观和声音	1（外观） 2（声音）	1, 2	1, 2	1, 2

结合这两套评分标准，塞特和福尔曼对1—6年级学生的150个编程作品进行了分析。他们的研究结果发现，早期计算思维进阶模型可以有效地研究和理解学生计算思维的发展。

二、访谈法

（一）访谈法概述

访谈法是一种在学生完成任务的过程中或任务完成后采用结构化或半结构化的形式进行提问，以了解其问题解决过程的方法。它关注学生对任务的反应过程。通过提问或学生自我报告的形式，研究者可以深入了解个体某些行为表现背后的认知过程或完成任务所采取的策略。

目前，在计算思维测评领域采用这类方法的研究相对不多。其中，布伦南所作的一些探索极具借鉴意义。为评价个体的计算思维发展，布伦南（Brennan）和雷斯尼克（Resnick）访谈了 31 位 Scratch 使用者。[1]他们要求这些使用者从作品创建的背景与动机、创建的过程、作品的分享与交流，以及期待四个方面描述自己的思考。研究结果发现，这些使用者普遍能就实践方面的问题作出解释。类似的，李（Lee）采用访谈法调查了参与研究的初中生如何应用抽象、自动化和分析的概念来解决建模和模拟的问题[2]。最终，她发现初中生的计算思维形成是沿着"抽象"到"自动化"再到"分析"的轨迹发展的。

一般而言，访谈法的应用需建立一个明确的访谈提纲，用于收集与研究目的相关的证据。因此，下面将以布伦南的研究为例具体介绍其访谈提纲的设计内容。

---

[1] BRENNAN K. RESNICK M. New frameworks for studying and assessing the development of computational thinking[C]. Annual American Educational Research Association Meeting. Vancouver, BC, Canada, 2012: 1-25.

[2] LEE I. Assessing youth's computational thinking in the context of modeling & simulation[C]. American Educational Research Association Meeting. New Orleans, LA, 2011: 1-11.

（二）布伦南的研究

为系统地评价学生在计算实践方面的能力，布伦南所在的哈佛大学创意计算实验室（Creative Computing Lab）创建了一个详细的、可操作的访谈提纲。这个提纲围绕定义Scratch、提供反馈、解决问题和开发任务四个方面制订。访谈工作分别在三个不同时间段进行：向学生介绍Scratch之后、在学习体验的过程中，以及在学生完成任务后。下面以学生在完成任务后这一时间段的访谈提纲为例进行阐述。

首先，针对定义Scratch层面，研究者要求学生界定Scratch并解释其功能。相应的访谈问题是：

·如果你的朋友今天没有来，他问你Scratch是什么，可以用来做什么。你会如何告诉他？

其次，针对任务反馈层面，研究者先与学生分享两个Scratch任务，然后要求他们就其中某一个任务提供反馈意见。相应的访谈问题包括：

·在提供反馈前，你有什么想问任务的开发者吗？
·你会如何对这个任务进行拓展？为让这个任务更具互动性，你会给开发者提供什么建议？
·关于如何实现这一点，你有什么想法吗？

再次，针对解决问题层面，研究者要求学生去调试一个存在漏洞的Scratch程序。相应的访谈问题包括：

·（这个程序）出现了什么问题？

·你打算怎么修复这个问题？

·你想试试吗？请告诉我，你想怎么做？

·它像你期望的那样起作用了吗？

·你能告诉我，在你修改之后发生了什么吗？

·（如果学生不能调试项目）在进行下一步之前，如果你想修复这个问题，你会去哪里寻求帮助？

最后，针对开发任务层面，研究者要求学生就最近完成的Scratch作品来描述他们是如何计划以及如何执行的。相应的访谈问题包括：

·你能告诉我，你是怎么想到这个主意的吗？是什么促使你想到这个主意的？

·在你开始编程之前，你制订计划了吗？如果有，你是怎么计划的？

·你能描述一下在完成这个作品的过程中，做了什么吗？（询问具体的任务元素——例如，在故事中你是如何让角色消失然后重现的？）

·（完成作品的过程中）有特别具有挑战性的事吗？你是怎么处理的？你去哪寻找的帮助？

·（作品中的图像、声音等）你从哪里获得这些资源的？你为什么选择这些？

·你的作品中，最让你自豪的是什么？在完成作品的过程中，你最喜欢的是什么？你改变了什么？为什么要做这方面的改变？

·你和别人分享过你的作品吗？如果有，你和谁分享的？你是如何分享的？

·如果没有，你打算和别人分享吗？为什么要（或不）和别人分享？[1]

---

[1] HOW DO I ASSESS THE DEVELOPMENT OF CT? [EB/OL].[2022-03-21] https://scratched.gse.harvard.edu/ct/assessing.html.

三、问卷调查法

（一）问卷调查法概述

问卷调查法侧重于调查学生的非认知成果[1]，主要通过分析学生的态度、动机和情感倾向等来刻画计算思维。如第一篇所述，按照美国计算机科学教师协会（CSTA）和国际教育技术协会（ISTE）提出的操作性定义，计算思维除包含六种认知技能外，还涉及五种支持性的态度。[2] 对此，巴尔（Barr）和斯蒂文森（Stephenson）持类似的观点[3]。在其他研究中，非认知技能在计算思维中的重要性也得到了进一步强调[4][5]。

基于此，一些研究者尝试从问题解决所需的态度、动机与价值等方面出发，开发了一系列计算思维评价工具。例如，库库尔（Kukul）和卡拉塔什（Karataş）基于动机的视角设计了一个与计算思维相关的自我效能量表（Computational Thinking Self-Efficacy Scale, CTSES）[6]。柯尔克玛兹（Korkmaz）等

---

[1] TANG X. YIN Y. LIN Q. et al. Assessing computational thinking: A systematic review of empirical studies[J]. Computers & Education, 2020, 148:103798.

[2] CSTA & ISTE. Operational definition of computational thinking for K—12 education [EB/OL]. [2021-10-20]. https://cdn.iste.org/www-root/Computational_Thinking_Operational_Definition_ISTE.pdf.

[3] BARR V. STEPHENSON C. Bringing computational thinking to K—12: What is involved and what is the role of the computer science education community?[J]. ACM Inroads, 2011, 2(1): 48-54.

[4] BRENNAN K. RESNICK M. New frameworks for studying and assessing the development of computational thinking[C]. Annual American Educational Research Association Meeting. Vancouver, BC, Canada, 2012: 1-25.

[5] ALLSOP Y. Assessing computational thinking process using a multiple evaluation approach[J]. International Journal of Child-Computer Interaction, 2019, 19: 30-55.

[6] KUKUL V. KARATAS S. Computational thinking self-efficacy scale: Development, validity and reliability[J]. Informatics in Education, 2019, 18(1): 151-164.

人[1]根据国际教育技术协会[2]对计算思维的界定，从创造力、算法思维、合作、批判性思维和问题解决五个维度开发了一个计算思维量表（Computational Thinking Scales, CTS）。蔡（Tsai）等人[3]的研究也基于计算思维量表来评估学生的计算思维过程。下面以库库尔和卡拉塔什的研究为例，具体介绍用于计算思维评价的自我效能量表的相关内容。

（二）库库尔和卡拉塔什的研究

自我效能通常指个体成功完成某一特定任务的能力。[4]它被视为影响学生学习成果的主要因素之一。为此，库库尔和卡拉塔什结合周以真、计算机科学教师协会和国际教育技术学会对计算思维的定义，从学生对自我能力的感知角度来测量计算思维。

计算思维自我效能感量表包括推理、抽象、分解和概括四个维度，共18题（具体样题见表5-3）。每个题目采取五级计分，要求学生从"完全不同意、不同意、中立、同意、完全同意"五个选项中进行选择。在对319名中学生的作答数据进行分析后，库库尔和卡拉塔什发现，该量表具有较好的信效度，可以用作评价学生计算思维能力自我感知的工具。同时，他们还指出，该量表有助于教师教学并进而培养学生的计算思维。

---

[1] KORKMAZ Ö. CAKIR R. ÖZDEN M. Y. A validity and reliability study of the computational thinking scales (CTS)[J]. Computers in Human Behavior, 2017, 72: 558-569.

[2] ISTE. CT leadership toolkit. [EB/OL]. [2021-10-20]. http://www.iste.org/docs/ctdocuments/ct-leadershipt-toolkit.pdf?sfvrsn=4.

[3] TSAI M. J. LIANG J. C. HSU C. Y. The computational thinking scale for computer literacy education[J]. Journal of Educational Computing Research, 2021, 59(4): 579-602.

[4] SCHUNK D. H. PAJARES F. The development of academic self-efficacy[M]// WIGFIELD A. ECCLES J. Development of achievement motivation. San Diego: Academic Press, 2002: 15-31.

表5-3 计算思维自我效能感量表[①]

维度	题目
推理	我能判断用于解决问题的数据是否合适。
抽象	我能对解决问题所用的数据进行评论。
分解	如果问题中存在子问题，我可以根据这些子问题来完成问题的解决。
概括	我可以把当前的问题和以往遇到的问题联系起来。

四、测验法

（一）测验法概述

测验法是一种采用选择题或开放题来设计测验以测量学生的知识、能力或技能的常用方法。在计算思维领域，测验法近年来已成为一些研究者所热衷的评价方法。这在一定程度上与计算思维的本质特征密不可分。尽管目前研究人员尚未就计算思维的定义达成统一的认识，但他们普遍认为计算思维是一种与问题解决相关的认知成果。[②] 从这个意义上讲，测验法能满足人们对计算思维评价的需求。

在众多研究中，以伪代码的形式来设计测验任务较为常见。典型的例子包括陈（Chen）等人[③]基于伪代码开发的测验和罗曼·冈萨雷斯（Román-

---

[①] KUKUL V. KARATAS S. Computational thinking self-efficacy scale: Development, validity and reliability[J]. Informatics in Education, 2019, 18(1): 151-164.

[②] 例如：AHO A. V. Computation and computational thinking[J]. The Computer Journal, 2012, 55(7): 832–835. BARR V. STEPHENSON C. Bringing computational thinking to K—12: What is involved and what is the role of the computer science education community?[J]. ACM Inroads, 2011, 2(1): 48-54. WING J. M. Computational thinking[J]. Communications of the ACM, 2006, 49(3): 33-35.

[③] CHEN G. SHEN J. BARTH-COHEN L. et al. Assessing elementary students' computational thinking in everyday reasoning and robotics programming[J]. Computers & Education, 2017, 109: 162-175.

González）等人[1]基于可视化的箭头或积木设计的计算思维测验。前者侧重于测量学生的计算实践，后者侧重于测量学生的计算概念。除此之外，还有一些研究者采用Bebras任务来考查学生的计算思维水平。[2]这类任务多以选择题呈现，内容包括与现实生活相关的情境或活动。下面以陈（Chen）等人的研究为例，具体介绍以基于伪代码的测验作为评价工具的相关内容。

（二）陈等人的研究

陈等人认为，计算思维可以在不同的情境中迁移。[3]为此，评价学生的计算思维应尽量减小对特定编程环境的依赖。考虑到这些因素，他们根据计算机科学教师协会和国际教育技术学会对计算思维作出的操作性定义，从形成问题、数据分析、算法设计、抽象表征和选择最优解决方案等五个维度出发设计了一套基于伪代码的测验。

该测验由23个题目构成（15个选择题、8个开放题），包含两种内容类型，涵盖六个问题情境。其中，类型Ⅰ的题目涉及日常生活，如图5-1的开车情境；类型Ⅱ的题目涉及机器人编程，如图5-2为让机器人按某个指令完成特定行为的情境。测验中的客观题采用0—1评分，开放题采用分步评分——如果学生能正确写出完整的作答过程记2分，写出部分作答过程记1分，否则记0分。

---

[1] ROMAN-GONZALEZ M. PEREZ-GONZALEZ J. C. JIMENEZ-FERNANDEZ C. Which cognitive abilities underlie computational thinking? Criterion validity of the computational thinking test[J]. Computers in Human Behavior, 2017, 72: 678-691.

[2] CHIAZZESE G. ARRIGO M. CHIFARI. et al. Educational robotics in primary school: Measuring the development of computational thinking skills with the Bebras tasks[J]. Informatics, 2019, 6(43): 1-12.

[3] CHEN G. SHEN J. BARTH-COHEN L. et al. Assessing elementary students' computational thinking in everyday reasoning and robotics programming[J]. Computers & Education, 2017, 109: 162-175.

你在做一个测量在不同交通标识下需等待时长的实验，你发现：
- 如果遇到停车的标识，平均需等待 1 分钟。
- 如果遇到红灯，平均需等待 3 分钟。
- 如果遇到施工，平均需等待 5 分钟。

你开车到学校有两条距离相同的路线，路线 i 有两个停车标识，路线 ii 有一个交通灯和一个停车标志。

你将选择哪条路线？

A. i　　　　　　　　　　　　B. ii

图 5-1　类型 I 样题：开车情境

生产一个机器人的流水线包括三部分，每个部分所用时长不等，三个部分分别完成后，需要将三个部分组装成一个机器人。

不同部分	所用时间（分钟）
A	4
B	5
C	6
把三个部分进行组装	5

如果我们一次可以生产两个部分，要用最少的时间完成机器人，应该如何安排？

A. 同时生产 A 和 B　　　　　　B. 同时生产 A 和 C

C. 同时生产 B 和 C　　　　　　D. 以上三种皆可

图 5-2　类型 II 样题：机器人编程情境

陈（Chen）等人通过实证研究发现，该测验具有良好的心理测量特性，能够较好地区分学生的计算思维能力。同时，他们对比分析了两个班级的学生在学习机器人编程课程前后的变化。结果发现，机器人课程有效地提高了这些学生的计算思维能力。

五、四种计算思维评价方法的比较

计算思维是一个复杂的建构（construct）。它不仅具有多维性，还与编程、批判性思维、创造力和工程思维等紧密相关，[1]这使得人们难以就其内涵与本质达成共识。因此，在计算思维评价方面，研究者也往往基于各自对计算思维的认识而采取不同的方法。综观这些方法，它们各有优劣。具体来看：

档案袋评价法通过系统收集和分析编程作品能较好地揭示学生对计算概念的掌握情况，也可以用于初步描述学生的计算思维水平。[2]另外，建立在特定应用程序基础上的自动评分技术具有客观和操作简单的优点，可以检查学生对编程语句的理解和使用，进而辅助教师教学。但由于该方法过于依赖特定的编程语言，评价结果易受学生对编程环境的熟练度的影响。[3]此外，基于学生静态作品的分析，只能从表层测量计算思维，难以真正反映学生完成任务的思维过程。[4]

---

[1] SHUTE V. J. SUN C. ASBELL-CLARKE J. Demystifying computational thinking[J]. Educational Research Review, 2017, 22: 142-58.

[2] TANG X. YIN Y. LIN Q. et al. Assessing computational thinking: A systematic review of empirical studies[J]. Computers & Education, 2020, 148: 103798.

[3] CHEN G. SHEN J. BARTH-COHEN L. et al. Assessing elementary students' computational thinking in everyday reasoning and robotics programming[J]. Computers & Education, 2017, 109: 162-175.

[4] BRENNAN K. RESNICK M. New frameworks for studying and assessing the development of computational thinking[C]. Annual American Educational Research Association Meeting. Vancouver, BC, Canada, 2012: 1-25.

访谈法通过提问或出声思维的方式，让研究者将关注点从静态作品转向任务完成的过程。这有助于我们把握学生解决问题的思维过程及策略，也可以清楚地了解他们在任务完成过程中遇到的困难。[1] 布伦南和雷斯尼克指出，访谈法还能让研究者更具体地理解学生对计算概念理解的流畅度。[2] 从这个层面来说，访谈法在一定程度上弥补了档案袋评价法的不足。但考虑到访谈极易受访谈对象的表达能力的影响，[3] 且耗时、耗力，因此该方法难以用于大规模测试，仅适用于小样本的质性研究。

问卷调查法通过学生自我报告的形式收集相关的情感、态度与动机等信息，有助于研究者从非认知性成果的角度来进一步认识计算思维。此外，这种方法具有可操作性强、易于管理和量化的特点，适用于大规模测试。但计算思维不仅仅与情感、态度等非认知性成果有关，更是一种问题解决的认知过程。因此，单纯采用问卷调查法难以准确地刻画计算思维。同时，该方法建立在个体对自我有充分认知的基础上，受主观性影响大。因此，这种方法的准确性也遭到了研究者的质疑。[4]

测验法采用测试题的形式来测量学生的计算思维水平，能较客观、准确地考查学生的认知技能。同时，该方法具有可操作性强、标准化程度高和易于使用的优点，适合大规模测试。在实践中，该方法的使用频率较高。另外，测验摆脱了特定编程语言的束缚，能实现跨平台评价，可用于特定课程的前后测量

---

[1] TANG X. YIN Y. LIN Q. et al. Assessing computational thinking: A systematic review of empirical studies[J]. Computers & Education, 2020, 148: 103798.

[2] BRENNAN K. RESNICK M. New frameworks for studying and assessing the development of computational thinking[C]. Annual American Educational Research Association Meeting. Vancouver, BC, Canada, 2012: 1-25.

[3] 惠恭健，兰小芳，钱逸舟.计算思维该如何评？——基于国内外14种评价工具的比较分析[J].远程教育杂志, 2020, 38(4): 84-94.

[4] BRENNAN K. RESNICK M. New frameworks for studying and assessing the development of computational thinking[C]. Annual American Educational Research Association Meeting. Vancouver, BC, Canada, 2012: 1-25.

以检验教学效果。[1]但该方法仍属于静态评价，难以很好地刻画学生完成任务的思维过程。

总的来说，研究者针对评价方法作出的诸多努力为我们认识和研究计算思维提供了不同的视角。但只采用一种评价方法容易让人对计算思维的发展产生误解。因此，格罗弗建议，应通过系统评价来全面测量计算思维[2]。然而，有研究者指出，系统评价会加重教师的工作量使其难以应用于课堂教学[3]。此外，如何对系统评价的结果进行全面解释也是一个问题。

第二节 面向低龄段儿童的计算思维评价

一、综述

已有研究发现，学生在幼儿期就已具备一定的编程能力。[4]因此，近年来与图形化编程语言和教育机器人相关的一些课程和活动在低龄阶段越来越普及。相应地，围绕特定编程环境或教育机器人的计算思维评价研究也在低龄段儿童中展开。例如，伯斯（Bers）等人从调试、对应、序列、控制流等四个方

---

[1] CHEN G. SHEN J. BARTH-COHEN L. et al. Assessing elementary students' computational thinking in everyday reasoning and robotics programming[J]. Computers & Education, 2017, 109: 162-175.

[2] GROVER S. PEA R. Computational thinking in K–12: A review of the state of the field[J]. Educational Researcher, 2013, 42(1): 38-43.

[3] FRONZA I. PAHL C. Envisioning a computational thinking assessment tool[C]. CEUR Workshop Proceedings. 2018: 2190.

[4] BERS M. U. PONTE I. JUELICH C. et al. Teachers as designers: Integrating robotics in early childhood education[J]. Information Technology in Childhood Education Annual, 2002, (1): 123-145.

面对幼儿创建的程序或机器人作品进行内容分析。[1] 他们发现，在为期六次的课程结束后，幼儿在这四个计算概念的表现得到了显著提升。同样地，安洁莉（Angeli）和瓦兰尼德斯（Valanides）采用实验设计评价了 50 名 5—6 岁儿童在 Bee-Bot 教育机器人上的表现[2]。他们的研究发现，低龄段儿童能应用分解的策略来解决复杂问题；同时，在前后两次评价中，儿童的计算思维也得到了发展。

另一些研究者基于学生编程的过程采用访谈法来测量计算思维。这其中，珀蓝斯（Portelance）和伯斯创造性地应用了同伴访谈技术。[3] 这种技术是在学生完成 ScratchJr 项目后，由一名学生根据研究者提供的问题对另一名学生进行提问，内容涉及如何完成作品、如何进行操作等。研究结果显示，低龄段儿童能够较好地展示他们对计算思维概念的理解。

毫无疑问，上述研究在评价低龄段儿童计算思维方面具有重要的借鉴意义。但考虑到这些方法仍依托于特定的编程语言，在检验课程效果上其作用有限。针对此，雷金（Relkin）等人基于算法、表征、模块化、控制结构、硬件/软件以及调试等维度开发了一套名为 TechCheck 的测验。[4] 该测验涉及排序挑战、对象分解和障碍迷宫等内容。他们的研究证实，TechCheck 测验具有良好的信效度，可以成为跨编程平台评价低龄段儿童计算思维的有效工具。

---

[1] BERS M. U. FLANNERY L. KAZAKOFF E. R. et al. Computational thinking and tinkering: Exploration of an early childhood robotics curriculum[J]. Computers & Education, 2014, 72: 145-157.

[2] ANGELI C. VALANIDES N. Developing young children's computational thinking with educational robotics: An interaction effect between gender and scaffolding strategy[J]. Computers in Human Behavior, 2020, 105: 105954.

[3] PORTELANCE D. J. BERS M. U. Code and tell: Assessing young children's learning of computational thinking using peer video interviews with ScratchJr[C]. Proceedings of the 14th International Conference on Interaction Design and Children. ACM, Boston, USA, 2015: 271-274.

[4] RELKIN E. DE RUITER L. BERS M. U. TechCheck: Development and validation of an unplugged assessment of computational thinking in early childhood education[J]. Journal of Science Education and Technology, 2020, 29(4): 482-498.

纵观这些研究，无论是采用基于编程作品的档案袋评价法，还是采用基于编程过程的访谈法，其主要目的都在于评价低龄段儿童在特定编程环境中习得的计算知识或概念。当编程课程的教学目标与计算思维评价的目的相一致时，这种方法有其合理性。但倘若课程教学活动关注的是学生高阶技能的培养，那么只停留在对某些特定代码使用基础上的浅层分析难以真正刻画低龄段儿童的计算思维发展。此外，单纯依靠静态的测验也无法揭示学生完成任务的思维过程。何况 TechCheck 测验与 Bebras 任务类似，均倾向于评价一般问题解决能力。[1] 因此，正如格罗弗所建议的，结合多种取向来评价低龄段儿童的计算思维非常必要。

二、研究设计

为检测指向计算思维培养的低龄段儿童编程课程的开展成效，基于上述计算思维评价领域的研究成果，采取测验法和档案袋评价法相结合的思路来开展低龄段儿童计算思维评价。首先，通过测验法来调查学生的计算概念；然后，基于他们在编程任务上的表现，从实质理论的角度分析其计算实践能力；继而，根据计算概念和计算实践上的结果，系统地描述他们的计算思维模式。最后，进一步对比低龄段儿童在学习编程课程后计算思维的发展与变化。

（一）参与者

39 名 9-10 岁的三年级学生参加了第一次测试。他们来自不同的小学，都参加了长宁区少年科技指导站开设的低龄段儿童编程课程。其中，男生 25 人

---

[1] LAI R. P. Beyond programming: A computer-based assessment of computational thinking competency[J]. ACM Transactions on Computing Education (TOCE), 2021, 22(2): 1-27.

(64.1%)、女生 14 人（35.9%），学生的平均年龄为 9.28 岁（SD=0.69）。这些学生已经学习了为期 8 次的编程课程。在第二次测试中，由于部分学生流失，继续上编程课程并参加测试的学生只有 21 人。其中，男生 15 人（71.4%），女生 6 人（28.6%）。

（二）测量工具

1. 编程项目

本研究使用 4 个编程项目作为测试任务。如图 5-3 所示，这些任务是复杂的、完全开放的编程项目，要求学生运用编程语言设计交互式的游戏。它们没有严格的限制，也没有固定的答案和解决方案，是符合真实教学情境的复杂问题。从考查的内容来看，这些任务均能较好地测量如抽象、问题分解、算法设计和评估等运用计算思维进行问题解决的能力。

根据我们对这些任务的具体要求与解决方案的分析，任务 1 和任务 3 基本等价，任务 2 和任务 4 基本等价。为此，将任务 1 和任务 2 作为第一次测试的内容；将任务 3 和任务 4 作为第二次测试的内容。

2. 计算思维测验

计算思维测验（Computational Thinking Test，CTT）由罗曼·冈萨雷斯等人[1]开发。如图 5-4 所示，它采用一种可视化的箭头或积木作为题目，分别测量了基本方向和序列、重复次数、重复直到、简单条件语句、复杂条件语句、While 条件语句和简单函数等七个计算概念。该测验由 28 个客观题组成，答对 1 题记 1 分，答错记 0 分，每个维度的满分为 4 分。

---

[1] ROMAN-GONZALEZ M. PEREZ-GONZALEZ J. C. JIMENEZ-FERNANDEZ C. Which cognitive abilities underlie computational thinking? Criterion validity of the computational thinking test[J]. Computers in Human Behavior, 2017, 72: 678-691.

第一次测试	第二次测试
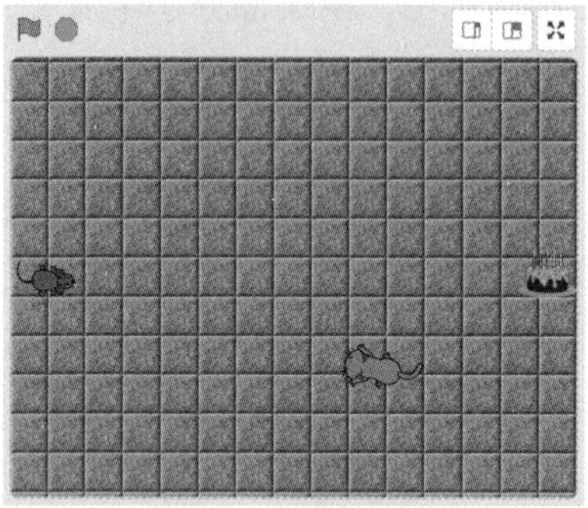 任务1：保卫蛋糕	 任务3：大鱼吃小鱼
 任务2：森林打靶	 任务4：打苍蝇

图 5-3　编程项目测试任务

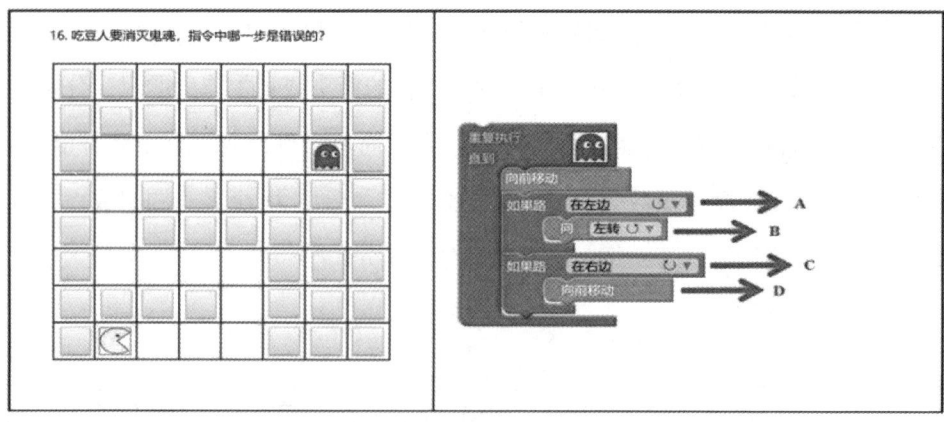

图 5-4　计算思维测验（CTT）样题

（三）实施过程

整个评价工作分前后两次测试完成。第一次测试的时间在2021年11月，受测学生已经学习了低龄段儿童编程四级课程的一半内容。在第一次测试中，低年级学生需独立完成第1个和第2个编程任务。之后，还需填写计算思维测验。整个测试时间为60分钟。

第二次测试的时间在2022年寒假。此时，受测学生已经完成低龄段儿童编程四级课程的全部内容。测试过程与第一次相同，学生需完成第3个和第4个Scratch编程任务以及计算思维测验。整个测试时间为60分钟。

（四）评分

与以往研究不同，本研究聚焦于学生编程过程中的表现，而不仅仅是他们的最终作品。因此，学生在编程中的行为操作被视为刻画其计算思维水平的证据。评分工作也在此基础上展开。为收集这些过程性行为，采用电脑屏幕录像的方式记录了学生在编程软件上的整个操作过程。随后，招募11名心理学和计算机专业的本科生与研究生对视频数据进行文本转译及编码。此外，还制订了一个基于过程性表现的评分标准（表5-4）。

表5-4 基于学生完成编程任务的过程性评分标准

	0	1	2	3	4
算法设计	在编写程序的过程中，学生没有形成明确的解决方案。	在编写程序的过程中，学生设计的解决方案存在逻辑或语法错误，只能实现局部功能。	在编写程序的过程中，学生设计的解决方案存在逻辑或语法错误，但能实现程序的基本功能。	在编写程序的过程中，学生设计的解决方案准确、能实现程序的基本功能，但没有全面考虑程序的可用性、有效性和优雅性等问题。	在编写程序的过程中，学生设计的解决方案准确、能实现程序的功能，且全面考虑了程序的可用性、有效性和优雅性。

续表

	0	1	2	3	4
评价	学生没有发现程序中的错误，或未对错误进行修改。	在编写程序的过程中，学生对某些语句进行了修改，但修改后的程序仍存在错误，只能实现局部的功能。	在编写程序的过程中，学生对程序进行了修改，但修改后仍存在基本的逻辑和语法错误，最终的程序具有一定可行性。	在编写程序的过程中，学生对程序进行了修改，最终的程序不存在错误，具有可行性；同时，还全面考虑了程序的可用性、有效性和优雅性等问题。	在编写程序的过程中，学生只对个别语句或参数进行了修改，最终设计的程序实现了最优化。
问题分解	在编写程序的过程中，学生没有明确地对任务进行分解。	在编写程序的过程中，学生对某一个角色的部分要素进行了分解。	在编写程序的过程中，学生对全部角色的部分要素进行了分解。	在编写程序的过程中，学生在不同角色之间来回跳跃，但实现了两个角色的完整分解。	在编写程序的过程中，学生对所有角色进行了完整、有序的分解。
抽象	学生无法对任务进行任何层面的抽象分析	学生只能理解某一个角色的部分构成要素，无法把握角色之间的关系	学生能准确理解所有两个角色的构成要素，但无法把握它们间的关系	学生能准确理解所有两个角色的构成要素，但通过不断尝试才把握所有角色之间的关系	学生能准确把握角色的内部要素及角色间的关系

根据这一评分标准，两名经过培训的研究人员对两次测试的编程数据进行评分。每个任务都测量了算法设计、评价、问题分解和抽象四个维度。其中，每个维度的满分为4分，两个任务的总分为32分。

（五）数据分析

首先采用描述性统计对第一次测试的结果进行分析，从整体上描述学生的计算思维水平及特点。然后，采用 K- 均值聚类法分析学生在计算概念和计算实践上的类型，进而提取出他们的计算思维模式。最后，采用配对样本 t 检验对比了学生前后两次测试的结果，以检查他们的计算思维发展及教学效果。整个数据分析工作采用"统计产品与服务解决方案软件"（SPSS 25.0）完成。

三、测评结果

（一）学生的计算思维表现

1. 在计算概念上的表现

由表 5-5 可知，参与评价的学生在计算思维测验上的平均得分为 20.01。这说明学生在计算概念上的整体表现较好。具体来看，学生在"基本方向和序列"（M=3.49）、"重复次数"（M=3.46）与"简单函数"（M=3.00）三个方面的得分较高，表明他们熟练地掌握了编程中的序列语句、简单重复语句和简单函数语句。相比之下，在"复杂条件语句"（M=2.33）和"While 条件语句"（M=2.31）两个方面学生的得分较低，说明他们在涉及循环嵌套条件语句方面掌握得相对较差。

表 5-5　学生在计算概念上的表现

	均值	标准差	极小值	极大值
基本方向和序列	3.49	0.60	2	4
重复次数	3.46	0.76	2	4
重复直到	2.79	0.95	1	4
简单条件语句	2.69	0.80	1	4
复杂条件语句	2.33	1.36	0	4

续表

	均值	标准差	极小值	极大值
While 条件语句	2.31	1.26	0	4
简单函数	3.00	1.10	1	4
计算思维测验的总分	20.01	4.70	11	27

进一步分析在各分数段上的学生人数，如表 5-6 所示，在"复杂条件语句"和"While 条件语句"上得低分（低于 2 分）的人数比例分别为 30.8%（12 人）和 23.1%（9 人），这意味着学生在这两个方面需要进一步提高。

表 5-6 各分数段上的学生人数

	0 分	1 分	2 分	3 分	4 分
基本方向和序列	0	0	2	16	21
重复次数	0	0	6	9	24
重复直到	0	3	13	12	11
简单条件语句	0	3	11	20	5
复杂条件语句	5	7	6	12	9
While 条件语句	5	4	11	12	7
简单函数	1	3	8	10	17

2. 在计算实践上的表现

如表 5-7 所示，参与评价的学生在 4 个编程任务上的平均得分为 16.49，说明他们在计算实践上的整体表现欠佳。具体来看，在算法设计、评价、问题分解和抽象四个维度上他们的得分均不高。相较而言，这些学生在问题分解上的得分略高（$M=2.28$），在评价上的得分略低（$M=1.78$）。

表 5-7　学生在计算实践上的表现

	均值	标准差	极小值	极大值
算法设计	2.08	0.98	0	3.50
评价	1.78	1.13	0	4.00
问题分解	2.28	1.13	0	4.00
抽象	2.10	1.15	0	3.50
在编程任务上的整体表现	16.49	8.43	0.00	30.00

进一步分析在各分数段上的学生人数，如表 5-8 所示，在计算概念四个维度上得低分（低于 2 分）的人数比例在 25.64% 到 30.77%（10-12 人）之间。这意味着学生在这四个维度上均需进一步提高。

表 5-8　各分数段上的学生人数

	0-1 分	1-2 分	2-3 分	3-4 分
算法设计	10	12	11	6
评价	12	16	5	6
问题分解	10	6	15	8
抽象	10	10	13	6

（二）学生的计算思维模式

为揭示低龄段儿童这一群体的计算思维发展模式，本次测评结合受测学生在七个计算概念和四个计算实践上的表现进行分类。根据 $K-$ 均值聚类分析的结果发现，39 名学生的计算思维模式可以归为三类。如图 5-5 所示，第一类属于高知识高技能组，共有 17 人（45.59%）。他们在七个计算概念上的得分较高，且在四个计算实践上的得分也相对较高。由此表明，这类学生熟练地掌握了编程的相关语句，同时也能较好地应用与计算思维相关的技能解决问题。第二类属于中等知识和中等技能组，共有 14 人（35.90%）。他们在计算概念和计算实践上的得分处于中等水平。这类学生掌握了一些基础的编程语句，能应用与计算思维相关的技能解决一些基本问题。第三组属于高知识低技能组，共 8 人（20.51%）。他们在七个计算概念上的得分较高，但在四个计算实践上的得分较低。由此说明，这类学生掌握了编程的相关语句，但并不能较好地应用与计算思维相关的技能来解决复杂问题。

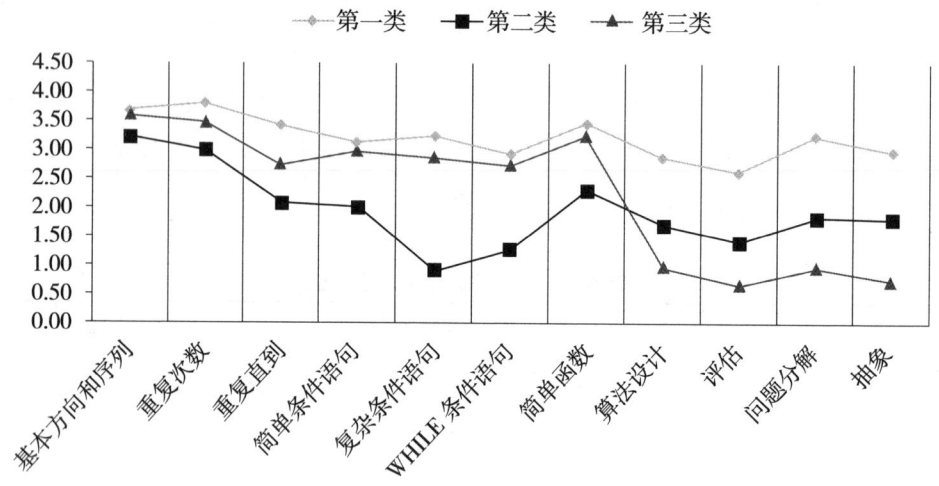

图 5-5　低龄段儿童计算思维发展模式的类型

（三）学生计算思维的发展

为检验学生计算思维的发展变化及相应编程课程的教学效果，还采用配对样本 t 检验分析了参加前后两次测试的 21 名学生在计算概念和计算实践上的表现差异。由表 5-9 可知，学生在计算思维测验上两次测试的结果并无显著差异（$t=-0.462, p > .05$），说明他们的计算概念并无显著提升。但从学生完成编程任务的表现来看，第二次测试的结果明显高于第一次测试的结果（$t=-3.664, p < .01$, Cohen's $d > .50$），表明他们的计算实践能力有了较大的发展。

表 5-9　前后两次测试的差异分析

		均值	标准差	t	p	Cohen's d
计算思维测验	第一次测试	20.01	4.593	−0.462	0.649	/
	第二次测试	20.29	4.173			
编程任务上的整体表现	第一次测试	16.62	8.158	−3.664	0.002	0.77
	第二次测试	22.76	7.687			

四、讨论

测量低龄段儿童的计算思维可以帮助我们了解其知识、技能的掌握现状与发展水平，同时也能促进教师教学与课程设计的改进。测试结合测验法与档案袋评价法，从计算概念和计算实践两个层面来评价学生的计算思维。研究结果在揭示低龄段儿童的计算思维水平的同时，也检验了面向低龄段儿童编程对计算思维发展的影响。

首先，在研究中发现，参与第一次测试的学生在计算概念上的整体表现相对较好。他们无论是在序列语句、循环语句，还是在简单函数语句上的得分均较高。但在计算实践方面，这些学生的抽象、问题分解、算法设计和评价能力相对较弱。考虑到这些低龄段儿童只学习了低龄段儿童编程四级课程的一半，他们在计算知识上的高水平表现在某种程度上其实也能反映出一定的教学效果。

其次，研究根据第一次测试的数据初步确定了样本学生的三种计算思维发展模式：高知识高技能型、中等知识中等技能型，以及高知识低技能型。这一研究结果对于识别那些在计算思维发展存在不足的学生具有重要意义。在这三类学生中，高知识低技能型的学生容易被人们忽视。这类学生熟练地掌握了编程课程中的各种语句，且在测验中表现良好，但却无法很好地整合与应用这些知识。因此，在实际教学过程中，教师应着重培养这类学生应用计算实践解决复杂问题的能力。

最后，在前后两次测试中，受测学生于计算思维测验上的得分没有太大差异，在完成编程任务的表现中却有显著提升。这一现象说明，当学生熟练掌握基本的编程语句后，重复性的机械化学习在知识层面上的帮助不大。但如果相关的课程指向培养学生解决复杂问题的技能时，其效果明显。研究证实，经过一段时间的学习后，低龄段儿童在计算实践上的能力得到了很大提高。这与"指向计算思维能力培养的低龄段儿童编程实践研究"这一课题的根本目的非常一致。

五、展望与不足

本次采用多种评价方法分析了低龄段儿童的计算思维水平、模式与发展。这为测量低龄段儿童的计算思维提供了相关经验，同时也为了解其计算思维的发展特点提供了一定的参考信息。即便如此，研究还存在许多不足。首先，考虑到参加第一次测试的学生只有39人，他们的代表性并不强。因此，与之相关结论还需通过进一步的研究来证实。第二，虽从学生完成编程作品的角度出发分析了他们的计算实践能力，但最终的分析仍属于静态评价。在未来的研究中，可以利用过程性数据进行统计建模，以充分揭示低龄段儿童解决计算类问题的思维过程与策略。第三，尽管研究发现编程课程可以有效地提高低龄段儿童的计算思维，但这项研究并未控制那些可能影响研究结果的额外变量。因此，未来的研究可以采用严格的实验设计来检验课程教学对低龄段儿童计算思维发展的影响。

参考文献

一、中文书籍

让·皮亚杰.儿童的心理发展[M].傅统先,译.济南:山东教育出版社,1982.

瓦兹沃思.皮亚杰的认知和情感发展理论[M].沈明明,译.厦门:厦门大学出版社,1989.

拉尔夫·泰勒.课程与教学的基本原理[M].施良方,译.北京:人民教育出版社,1994.

邵瑞珍.教育心理学[M].上海:上海教育出版社,1997.

张华.课程与教学论[M].上海:上海教育出版社,2000.

王坦.合作学习:原理与策略[M].北京:学苑出版社,2001.

桑标.当代儿童发展心理学[M].上海:上海教育出版社,2003.

威金斯,麦克泰.理解力培养与课程设计[M].么加利,译.北京:中国轻工业出版社,2003.

林凡红.如何培养孩子的数学创新思维[M].北京:经济科学出版社,2012.

李森,陈晓端.课程与教学论[M].北京:北京师范大学出版社,2015.

凯瑟琳·史塔生·伯格尔.0—12岁儿童心理学:第六版[M].陈会昌,译.北京:中国轻工业出版社,2016.

中华人民共和国教育部.普通高中信息技术课程标准(2017年版)[M].北京:人民教育出版社,2017.

上海市教育委员会教学研究室.上海市初中信息科技学科教学基本要求：试验本[M].上海：中华地图学社，2017.

索尼国际教育公司.神奇的逻辑思维游戏书[M].姜丽萍，蒋奇武，译.北京：北京日报出版社，2018.

米切尔·雷斯尼克.终身幼儿园[M].赵昱鲲，王婉，译.杭州：浙江教育出版社，2018.

西摩·佩珀特.因计算机而强大：计算机如何改变我们的思考与学习[M].梁栋，译.北京：新星出版社，2019.

王荣良.中小学计算思维教育实践[M].上海：上海科技教育出版社，2019.

吉姆·克里斯蒂安.写给所有人的编程思维[M].于应机，李阳欢，林佳，译.北京：北京日报出版社，2019.

简·克劳斯，奇奇·普罗特斯曼.给孩子的计算思维与编程书：AI核心素养教育实践指南[M].王晓春，乔凤天，译.北京：机械工业出版社，2020.

林凡红.如何培养孩子的数学创新思维[M].北京：北京经济科学出版社，2012.

二、中文论文

赵建华，李克东.协作学习及其协作学习模式[J].中国电化教育，2000（10）.

徐学福.探究学习的内涵辨析[J].教育科学，2002（3）.

刘要悟，程天君.校本教师培训的合理性追求[J]，教育研究，2004，（6）.

郭思乐.以生为本的教学观：教皈依学[J].课程.教材.教法，2005（12）.

邵晓枫，廖其发."以学生为本"教育理念内涵的解读[J].中国教育学刊，2006（3）.

李锋，王吉庆.计算思维：信息技术课程的一种内在价值[J].中国电化教育，2013（8）.

金璐.创造有安全感的教室环境[J].教学与管理.2014（2）.

王旭卿.面向三维目标的国外中小学计算思维培养与评价研究[J].电化教育研究，2014（7）.

王宏燕，田玉贺.英国：编程教育进入国家课程[J].上海教育，2016（2）.

王荣良.儿童编程教育价值与实施途径分析[J].中国信息技术教育，2017（21）.

刘永凤.教师个人知识的内涵、构成与发展[J].教育研究，2017（6）.

赵蔚，李士平，姜强，郎咸蒙.培养计算思维，发展STEM教育——2016美国《K—12计算机科学框架》解读及启示[J].中国电化教育，2017（5）.

郁晓华，肖敏，王美玲.计算思维培养进行时：在K—12阶段的实践方法与评价[J].远程教育杂志，2018（2）.

张俊，吴重涵，王梅雾.家长和教师参与家校合作的跨界行为研究[J].教育发展研究，2018（2）.

孙立会.聚焦思维素养的儿童编程教育：概念、理路与目标[J].中国电化教育，2019（7）.

简婕，王明元.在家庭中开展编程教育的可行性调查[J].中国信息技术教育，2019（21）.

孙立会，周丹华.儿童编程教育溯源与未来路向——人工智能教育先驱派珀特的"齿轮"与"小精灵"[J].现代教育技术，2019（10）.

刘向永，马启娜.计算思维导向下信息技术课程的国际新图景[J].上海教育，2020（35）.

凌伟.从设计到实施：英国计算课程改革的经验及启示[J].基础教育课程，2020（11）.

惠恭健，兰小芳，钱逸舟.计算思维该如何评？——基于国内外14种评价工具的比较分析[J].远程教育杂志，2020（4）.

孙立会，周丹华.基于Scratch的儿童编程教育教学模式的设计与构建——以小学科学为例[J].电化教育研究，2020（6）.

韩倩倩，蔡连玉.美国中小学人工智能教育推进的规划目标与特征研究[J].外国教育研究，2021（1）.

赵森.国际计算思维教育的研究现状与趋势——基于1994–2020年WOS数据库439篇文献的量化分析[J].教育信息技术，2021（6）.

卢宇，汤筱玙，宋佳宸，余胜泉.智能时代的中小学人工智能教育：总体定位与核心内容领域[J].中国远程教育，2021（5）.

三、英文书籍

WIGFIELD A. ECCLES J. Development of achievement motivation[M]. San Diego: Academic Press, 2002.

HAREL I, PAPERT S. Constructionism[M]. New Jersey: Ablex Publishing Corporation,1991.

RESNICH M, ROBINSON K. Lifelong kindergarten: Cultivating Creativity through Projects, Passion, Peers and Play[M]. Boston: The MIT Press, 2017.

四、英文论文

PAPERT S. An Exploration in the Space of Mathematics Educations[J]. International Journal of Computers for Mathematical Learning,1996(1).

参考文献

ACKERMANN E. Piaget's constructivism, Papert's constructionism: What's the difference[J].Future of Learning Group Publication, 2001(5).

BERS M. U. PONTE I. JUELICH C. et al. Teachers as designers: Integrating robotics in early childhood education[J]. Information Technology in Childhood Education Annual, 2002, (1).

WING J. M. Computational Thinking[J]. Communications of the ACM, 2006(3).

DENNING P J. The Profession of IT Beyond Computational Thinking[J]. Communications of the ACM, 2009, 52(6).

BARR V, STEPHENSON C. Bringing Computational Thinking to K—12: What is Involved and What is the Role of the Computer Science Education Community? [J]. Acm Inroads, 2011, 2(1).

LEE I. Assessing youth's computational thinking in the context of modeling & simulation[C]. American Educational Research Association Meeting. New Orleans, LA, 2011.

AHO A. V. Computation and computational thinking[J]. The Computer Journal, 2012, 55(7).

GIBSON J P. Teaching Graph Algorithms to Children of all Ages[C]. Proceedings of the 17th ACM Annual Conference on Innovation and Technology in Computer Science Education. New York, 2012.

BRENNAN K. RESNICK M. New frameworks for studying and assessing the development of computational thinking[C]. Annual American Educational Research Association Meeting. Vancouver, BC, Canada, 2012.

WERNER L. DENNER J. CAMPE S. et al. The fairy performance assessment: Measuring computational thinking in middle school [C]. Proceedings of the 43rd ACM technical symposium on Computer Science Education. ACM, 2012.

SEITER L. FOREMAN B. Modeling the learning progressions of computational thinking of primary grade students [C]. Proceedings of the 9th Annual International ACM Conference on International Computing Education Research (ICER 2013). ACM, New York, America, 2013.

GROVER S. PEA R. Computational thinking in K–12: A review of the state of the field[J]. Educational Researcher, 2013, 42(1).

SETTLE A. GOLDBERG D. S. BARR V. Beyond computer science: computational thinking across disciplines[C]. ACM Conference on Innovation and Technology in Computer Science Education. New York, USA, 2013.

SEITER L. FOREMAN B. Modeling the learning progressions of computational thinking of primary grade students [C]. Proceedings of the 9th Annual International ACM Conference on International Computing Education Research (ICER 2013). ACM, New York, America, 2013.

BERS M. U. FLANNERY L. KAZAKOFF E. R. et al. Computational thinking and tinkering: Exploration of an early childhood robotics curriculum[J]. Computers & Education, 2014, 72.

MORENO-LEON J. ROBLES G. ROMAN-GONZALEZ M. Dr. Scratch: Automatic analysis of scratch projects to assess and foster computational thinking[J]. Revista de Educació n a Distancia, 2015, (46).

PORTELANCE D. J. BERS M. U. Code and tell: Assessing young children's learning of computational thinking using peer video interviews with ScratchJr[C]. Proceedings of the 14th International Conference on Interaction Design and Children. ACM, Boston, USA, 2015.

OTA G. MORIMOTO Y. KATO H. Ninja Code Village for Scratch: Function Samples/Function Analyser and Automatic Assessment of Computational Thinking

Concepts [C]. 2016 IEEE Symposium on Visual Languages and Human-Centric Computing (VL/HCC). IEEE, United Kingdom, 2016.

SULLIVAN A. BERS M.U. Robotics in the early childhood classroom: learning outcomes from an 8-week robotics curriculum in pre-kindergarten through second grade[J]. International Journal of Technology and Design Education, 2016(26).

CHEN G. SHEN J. BARTH-COHEN L. et al. Assessing elementary students' computational thinking in everyday reasoning and robotics programming[J]. Computers & Education, 2017, 109.

ROMAN-GONZALEZ M. PEREZ-GONZALEZ J. C. JIMENEZ-FERNANDEZ C. Which cognitive abilities underlie computational thinking? Criterion validity of the computational thinking test[J]. Computers in Human Behavior, 2017,72.

SHUTE V. J. SUN C. ASBELL-CLARKE J. Demystifying computational thinking[J]. Educational Research Review, 2017, 22.

KORKMAZ Ö. CAKIR R. ÖZDEN M. Y. A validity and reliability study of the computational thinking scales (CTS)[J]. Computers in Human Behavior, 2017, 72.

ROMAN-GONZALEZ M. PEREZ-GONZALEZ J. C. JIMENEZ-FERNANDEZ C. Which cognitive abilities underlie computational thinking? Criterion validity of the computational thinking test[J]. Computers in Human Behavior, 2017,72.

VON WANGENHEIM C. G. HAUCK J. C. DEMETRIO M. F. et al. CodeMaster-- Automatic Assessment and Grading of App Inventor and Snap! Programs[J]. Informatics in Education, 2018, 17(1).

FRONZA I. PAHL C. Envisioning a computational thinking assessment tool[C]. CEUR Workshop Proceedings. 2018.

GROVER S. PEA R. Computational thinking: A competency whose time has come[J]. Computer Science Education: Perspectives on Teaching and Learning in

School, 2018, 19.

KUKUL V. KARATAS S. Computational thinking self –efficacy scale: Development, validity and reliability[J]. Informatics in Education, 2019, 18(1).

ALLSOP Y. Assessing computational thinking process using a multiple evaluation approach[J]. International Journal of Child–Computer Interaction, 2019, 19.

CHIAZZESE G. ARRIGO M. CHIFARI. et al. Educational robotics in primary school: Measuring the development of computational thinking skills with the Bebras tasks[J]. Informatics, 2019, 6(43).

ANGELI C. VALANIDES N. Developing young children's computational thinking with educational robotics: An interaction effect between gender and scaffolding strategy[J]. Computers in Human Behavior, 2020, 105.

TANG X. YIN Y. LIN Q. et al. Assessing computational thinking: A systematic review of empirical studies[J]. Computers & Education, 2020, 148.

RELKIN E. DE RUITER L. BERS M. U. TechCheck: Development and validation of an unplugged assessment of computational thinking in early childhood education[J]. Journal of Science Education and Technology, 2020, 29(4).

TSAI M. J. LIANG J. C. HSU C. Y. The computational thinking scale for computer literacy education[J]. Journal of Educational Computing Research, 2021, 59(4).

LAI R. P. Beyond programming: A computer–based assessment of computational thinking competency[J]. ACM Transactions on Computing Education (TOCE), 2021, 22(2).